도시 농부

주중엔 매거진 에디터, 주말엔 텃밭 농부 　도시농부 소셜클럽
천혜빈

프롤로그 ✻

팬데믹에 생긴 일

매거진 마감을 앞두고 촬영 스케줄이 빽빽하게 차 있던 어느 날의 일이다. 아침부터 헛기침이 나고 오후부터는 목이 붓기 시작하는 것이 아무래도 낌새가 수상했다. 거부할 수 없는 어떤 명징한 시그널 같은 것이 내 안에 울려 퍼졌다.
'그래, 이건 틀림없는 코로나야!'
밤새 증상은 더욱 악화되어 다음 날 아침에는 미열과 함께 엄청난 인후통이 찾아왔다. 집 앞 내과를 찾아 면봉으로 코를 쑤시고 검사 결과가 나오기까지 10여 분을 기다리며 '아픈데 그냥 감기면 출근해야 하니까, 차라리 코로나였으면 좋겠다.'고 생각했다. 신이 마음의 소리를 들으셨던 걸까? 검사 결과를 들으러 진료실에 들어가자 의사 선생님이 "검사하러 잘 오셨네요. 확진입니다!"라고 당첨(?) 소식을 들려주셨다. 아……. 코로나에 걸려 아프지만 회사에 가지 않아도 된다는 사실이 더 기쁜 K 직장인의 웃픈 현실이란.

코로나가 창궐한 지 2년여가 넘도록 무탈하게 지내왔기에 혹시 난 슈퍼유전자가 아닐까 자만했던 지난날들이 머릿속에 스쳐 지나갔다. 하지만 피구의 마지막 남은 선수처럼 코로나라는 공을 요리조리 잘 피해왔던 것일 뿐, 신규 확진자가 유독 많이 생긴 코로나 재유행 시기에 나도 결국 공을 맞고야 만 것이다. 한편으로는 마지막 선수로서의 압박감을 내려놓을 수 있어 마음이 편해지기도 했다. 그렇게 코로나에 걸릴까 봐 노심초사하며 지낸 지난 2년여를 뒤로하고 묘한 해방감을 느끼며 일주일간의 격리 기간을 조용히 투병하며 보냈다.

"농사는 어쩌다 시작하게 됐어요?"라는 질문을 받으면 무슨 대서사의 시작을 알리는 영화의 자막처럼 "그것은 바야흐로 2년 전…… 코로나가 창궐할 즈음이었어요."로 운을 뗀다. 나는 공식적인 채식주의자는 아니지만 육류와 어패류를 즐겨 먹지 않고 채소 위주의 식단을 즐기는, 채식주의자 중 락토오보(고기와 해산물은 먹지 않고 유제품과 달걀은 섭취하는)에 가까운 식습관을 갖고 있고, 채소를 좋아하다 보니 그들이 커가는 과정을 직접 보고 싶다는 바람을 언제나 마음속에 품고 살아왔다. 하지만 어떤 계기가 있지 않고서야 아무리 작게라도 남의 땅을 빌려 농사를 짓는 것은 공사다망한 도시인이 실천하기 정말 어려운 버킷 리스트다. 그런 내게 농사를 시작하게 된 결정적인 계기가 된 사건은 2020년 3월 WHO가 발표한 팬데믹의 공식적인 선언이었다.

동네에 소문난 역마의 아이콘인 나는 1년 중 집 안에 틀어박혀 있는 날이 다섯 손가락 안에 꼽을 정도다. 그런데 역병이 창궐해 자유롭게 돌아다닐 수가 없다니, 팬데믹은 여러모로 청천벽력 같은 상황이었다. 재택근무가 실시되더니 4인 이상 모임이 제한되기 시작했고, 카페에 앉아 커피를 마실 수도 없게 됐다. 가족은 물론 친구들과의 만남도 점점 요원해져만 갔다. 수개월 내에 이 팬데믹이 끝나지 않으리라는 건 전문가가 아니라 누구라도 예감할 수 있었다. 나는 차례대로 찾아오는 불안함과 무력감, 고립감에서 벗어나기 위해 팬데믹 와중에도 할 수 있는 활동을 필사적으로 찾아내려 애썼고, 이를 위해 몇 가지 기준을 세워보기로 했다.

1. 바이러스의 감염 확률이 비교적 낮은, 탁 트인 야외에서의 활동.
2. 그러면서도 웬만하면 인구 밀도가 낮은 장소에서의 활동.

3. 생산적인 활동.

4. 몸과 마음의 건강에 도움이 되는 활동.

5. 이를 위해 비싼 장비가 필요하지 않는 활동.

그런데 며칠 지나지 않아 우연히 뉴스에서 **서울시 친환경 농장 접수 중**이라는 기사를 발견했다. 서울시는 매년 남양주, 양평, 광주, 고양과 시흥시 등 서울 근교에 있는 농장을 임대해 친환경 주말농장을 운영하고 있고, 추첨을 통해 시민들에게 분양하고 있다는 기사였다. 갑자기 무엇에 홀린 듯 빠르게 기사를 읽어 내려갔다. 친환경 농장을 분양받으려면 서울시 공공서비스 예약 사이트에서 접수하면 되고, 당첨이 되면 소정의 금액을 내고 4월부터 11월까지 쭉 이용할 수 있는 데다가 기본적인 씨앗과 모종, 웃거름과 호미 등의 소농기구도 지급한다는 내용이었다.

'그래, 바로 이거야!'

비로소 나는 길어질 것 같은 팬데믹 기간 동안 무엇을 해야 할지 깨달았다. 그것은 바로 도시 농부가 되는 것! 그렇다. 사실, 해답은 아주 멀리 있거나 특별히 새롭지도 않은 것이었다. 이제야 텃밭을 가꾸고 싶었던 꿈을 이룰 특별한 계기가 생긴 것 같았다.

서울시 친환경 농장은 언제나 경쟁률이 높기 때문에 일찍 응모를 하지 않으면 밭을 배정받기 쉽지 않다. 마침 온라인 접수가 거의 끝나가는 3월 말이었기 때문에 부랴부랴 사이트에 들어가 응모를 했다. 예년 같았으면 지금쯤 이미 신청자들이 꽉 차 응모를 할 수도 없었을 텐데, 그해는 바로 직전에 창궐한 코로나의 영향으로 소수의 신청자들만이 응모하는 바람에 참여 인원이 적었고, 덕분에 나도 어렵지 않게 밭 한 고랑을 신청할 수 있었다. 밭 한 고랑은 대략 5평, 지역에 따라 한 해에 대략 4~7만 원을 내면 1년 동안 밭을 이용할 수 있다. 1년에 7만 원……. 그래, 만약 흥미를 잃고 중간에 포기하거나, 농사가 폭망하더라도 크게 아깝지는 않은 금액이다. 하기 싫으면 언제든 그만둬도 괜찮다는 마음으로 7만 원을 흔쾌히 결제하고 나니 오랜 기간 바라온 버킷리스트를 실행하기 위한 첫걸음을 내디딘 것 같아 안개가 걷힌 듯 마음이 가뿐해졌다.

그렇게 햇수로 4년째. 나는 언제든 관둬도 그만이라는 생각으로 시작했던 농사를 팬데믹이 종식된 지금까지도 꾸준히 해오고 있는 중이다. 그리고 시간이 이만큼이나 쌓였으니 어딜 가서도 "저는 도시농부예요."라고 자신 있게 말할 수 있게 됐다. 그동안 많은 친구가 게스트 농부로 밭을 방문했고, 나와 함께 도시농부의 삶을 살게 된 친구들도 몇 명 생겼다. 도시농부가 되어 가장 뿌듯한 점은 바로 여기에 있다. 농사를 짓는 나의 삶이 다른 사람의 삶에 작은 변화를 줄 수 있다는 것, 그리고 그 작은 영향력이 도시농부인 우리로부터 시작된 것임을 스스로 발견하는 순간.

나는 월간 매체의 기자로 일하고 있기 때문에 팬데믹 기간에도 문화, 예술 등 다양한 분야의 아티스트들을 인터뷰할 기회가 많았다. 전시나 공연이 취소되고 관객을 만날 수 없는 그들에게 '이 시기를 어떻게 견뎌내고 있느냐.'고 물어야 하는 현실은 스스로도 암담하기만 했다. 그런데 수없이 많은 아티스트로부터 듣게 된 뜻밖의 고백은, 그 험난했던 시기가 그들의 인생에 새로운 도전을 할 계기를 마련해 주었다는 것이었다. 누군가는 소통의 단절에 절망하는 대신 작품에 더 몰두했으며, 누군가는 그동안 미루고 미루었던 공부를 이제야 마칠 수 있었다고 했다. 그런가 하면 팬데믹 기간에 완성한 새로운 작품 시리즈를 선보인 아티스트들도 많았다.

물론 모두가 이들처럼 고통 속에 꽃을 피울 수 있었던 것은 아니며, 역병의 창궐이 지구인들에게 많은 고통과 슬픔을 안겨준 것은 부인할 수 없는 사실이다. 나는 코로나로 인해 가족을 잃은 사람들, 그 후유증으로 여전히 건강을 걱정해야 하는 많은 사람을 실제로 알고 있다. 나와 내 가족이 코로나를 그저 감기처럼 앓고 지나간 것에 깊이 감사해야 한다는 걸 오늘도 내일도 되새길 것이다. 하지만 한편으로는 도시농부 4년 차인 지금도 종종 이렇게 자문하곤 한다.

'팬데믹이 시작되지 않았더라도 내가 도시농부가 될 수 있었을까?'

변화란 늘 반갑기만 한 일은 아니다. 인간은 관성의 존재이므로 특별한 계기 없이 잘 변하지 않는다. 그리고 익숙한 트랙의 밖으로 벗어나는 일은 때론 공포와도 같다. 하지만 삶에는 변하지 않으면 안 되는 순간들이 종종 찾아온다. 다르게 살아야 하는 역병의 시대가 결코 달갑지는 않으나, 팬데믹은 변하지 않으면 안 되는 순간에 던져진 나를 **다르게 살도록 이끌어 준 계기**로 언제나 기억될 것이다.

아직은 도시농부의 삶이 요원하게만 느껴지는 누군가에게, 그리고 다르게 살고 싶은 누군가에게, 나와 우리 농부들의 이야기가 담긴 이 책이 그들을 다른 삶으로 인도할 특별한 계기가 될 수 있길. 그리고 우리가 도시농부가 되고 나서야 알게 된 삶의 또 다른 부분을 독자들 역시 발견할 수 있게 되길 바란다. 우리의 이야기로 단 한 명의 도시농부가 탄생하더라도 나와 우리 농부들은 진심으로 기뻐할 것이다.

차례

- 004 　프롤로그 | 팬데믹에 생긴 일

- 020 　| 농사의 근본 1 |
  씨앗에 담긴 거대한 우주

- 030 　| 농사의 근본 2 |
  지구의 두피를 지켜주세요

- 043 　| 도시농부 필수 장비 |
  농사도 템빨이랍니다

- 056 　| 농사는 패션 |
  멋 내기에 진심인 도시농부들

- 066 　| 농사의 이득 |
  농사를 지어서 뭐가 좋으냐고 물으신다면

- 077 　| 도시농부 소셜클럽 결성기 |
  도시락 대신 호미를 쥐게 된 사연

- 086 　| 농장의 생명들 |
  벌레는 무섭지만 농사는 짓고 싶어

- 096 　| MBTI 농사이론 |
  INFJ 농부의 희로애락

| 103 | | 애착 채소 |
당신이 가장 좋아하는 채소는 무엇인가요?

| 113 | | 농사 초보 비권장 작물 |
난이도 '상' 내공을 쌓고 오십시오

| 128 | | 농사 초보 권장 작물 |
난이도 '하' 농사 초보에게 희망을 주는 채소들

| 143 | | 과일 농사의 꿈 |
메롱이와 메룽이가 되찾아 준 설렘

| 153 | | 성찰의 농사 |
텃밭에서 세상의 이치를 깨닫습니다

| 167 | | 도시의 농부들 |
우리 채소 예쁜 것 좀 보세요

| 177 | | 농한기 |
풋호박의 소리 없는 응원

| 185 | 에필로그 | 사랑하는 나의 텃밭 친구들에게

| 192 | 딴딴+ | 주말마다 하는 설레는 일이 있나요?

| 농사의 근본 1 |
씨앗에 담긴 거대한 우주

서울시 친환경 농장을 신청하면 개장 첫날 여러 가지 잎채소의 모종과 시금치, 열무 등의 씨앗을 나눠준다. 초보 농부는 여리디여린 잎의 아기 모종과 앞으로 어떻게 자랄지, 아니 자랄지 안 자랄지조차 가늠이 안 되는 티끌만 한 씨앗이 가득 담긴 봉투를 손에 쥔 채 배정된 밭으로 조심스레 발걸음을 옮긴다. 곁눈질로 다른 농부들이 파종하는 모습을 유심히 살펴보니 대충 뿌리는 게 아닌 것 같아 불안해진다. 일단 쭈그리고 앉아서 **열무씨 뿌리는 방법, 시금치씨 뿌리는 방법** 등을 검색해 보고 호미로 골을 파준 뒤 씨앗을 줄뿌림해 흙으로 살살 덮어준다. 그리고 농장에 비치되어 있는 물뿌리개를 가져와 물을 흠뻑 주고, 마음속으로 '잘 자라줘, 시금치야! 열무씨야 힘을 내!' 하고 응원하는 것도 잊지 않는다. 다음 주말이 올 때까지 초보 농부의 머릿속에는 온통 씨앗 생각뿐이다.

'오늘쯤 싹이 텄을까?'

상추 같은 잎채소 모종들은 봄 서리만 잘 피해서 심으면 보통 일주일만 지나도 조금씩 자라는 것을 눈으로 확인할 수 있다. 하지만 씨앗이 뿌리를 내리고 새싹을 올리는 속도는 모종의 성장 속도에 비해 더디다. 내 맘대로 안 되는 자연의 섭리 앞에서 초보 농부는 조바심에 씨앗을 의심하기 시작한다. '불량 씨앗인가? 새로 사다가 심을까? 역시 난 식물 키우기에 재능이 없나?' 등등. 물론, 초보 농부의 의구심에도 타당성은 있다. 유통 씨앗에는 그야말로 유통기한이 있어서, 오래된 씨앗일수록 발아율이 현저히 떨어진다. 그리고 채종한 지 얼마 안 된 씨앗이라 할지라도 모두 발아하는 건 아니다. 채소의 종류마다 씨앗의 발아율이 각각 다르고, 발아율이 낮은 채소의 씨앗은 그만큼 성체로 키워내기가 어렵다. 게다가 흙 속에 숨은 씨앗을 어떻게 알고 먹는지, 새로 심은 씨앗들은 지나가는 새들의 먹이가 되기도 한다. 초당옥수수씨를 심을 때는 그래서 한 구멍에 씨앗 세 개를 심는다. 발아율을 생각해서 넉넉히 두 개, 그리고 새들의 간식으로 한 개 더. 물론 열무나 시금치처럼 발아율이 높은 작물들은 초보 농부들이 키우기 쉬우므로(농장에서 나눠주는 게 다 이유가 있다), 조금만 참고 기다리다 보면 어느 날 힘차게 땅을 뚫고 올라온 새싹을 만나볼 수 있게 된다.

첫 새싹을 발견한 날을 아직도 잊지 못한다. 열무와 시금치의 새싹들이 한꺼번에 뿅뿅뿅뿅 태어나 나를 기다리고 있었던 농사 첫해의 어느 봄날. 초보 농부라면 잊지 못할 순간이다. 열무의 새싹은 하트 모양의 쌍떡잎, 그리고 시금치의 새싹은 잔디처럼 길고 가느다랗게 생겼다. 씨앗 껍질을 뚫고 나온 이 새싹들 중에는 잎 끄트머리에 아직 벗겨지지 않은 씨앗 껍질 모자를 쓰고 있는 것들

도 있었다. 이 모습이 너무 귀엽고 신기하고 경이로워서, 입을 벌린 채 한참 밭에 쭈그리고 앉아 새싹을 구경했다. 아무런 미동도 없이 새싹을 구경하고 있으니 옆 고랑에서 농사를 지으시는 베테랑 아저씨 한 분이 "새싹 처음 봐요?" 하고 껄껄 웃으셨다. 이윽고 본인의 일행들을 불러 모은 뒤 "농사 처음 짓나 봐! 신기한가 보네." 하고 새싹을 구경하는 나를 구경하셨다. 음…… 어쩐지 동물원 원숭이 취급을 받고 있는 것 같았지만, 그러거나 말거나. 나는 이 경이로운 광경을 조금 더 눈에 담아두고 싶었다. 그렇게 다리가 저려올 때까지, 그리고 베테랑 아저씨들이 초보 농부 구경을 마치고 떠나실 때까지, 이제 막 세상에 태어난 새싹들을 하나하나 눈에 담았다.

다 자란 채소를 수확하고 나면 그것들을 두 손에 쥐고 가만히 바라보고 싶을 때가 있다. 가지나무, 애호박의 모양새를 눈으로 담다 보면 채소들이 하나의 오브제로서 얼마나 아름답고 완벽한지 감탄하게 된다. 이때만큼은 내게 채소란 식재료 그 이상의 의미를 갖게 되는 것이다. 이런 피조물을 내가 키워냈다니! 그리고 이것이 그 깨알만 한 씨앗 한 톨로부터 시작되었다니! 그 사실을 떠올릴 때마다 매번 감탄해 마지않는다.

씨앗의 적응력은 또 얼마나 대단한지. 심지도 않은 작물들이 종종 자라는 기현상은 초보 농부에게 풀리지 않는 미스터리였다. 왜 심은 적 없는 깻잎이 감자밭 사이에서 무성하게 자라고, 심은 적 없는 상추가 애지중지 키우는 대파보다 더 잘 자라는가? 나중에 알게 된 사실인데, 이는 다른 농부가 뿌린 씨앗이 빗물이나 바람을 타고 떠다니다 정착해 뿌리를 내린 것이었다. 많은 농부가 같은 시기에 씨를 뿌리다 보니 주말농장에서는 종종 생기는 일이다. 비바람에 휩쓸려도 어딘가 기어코 뿌리를 내리다니, 정말 장하고 또 장한 씨앗이다. 이렇게 모진 역경을 딛고 싹을 틔웠다고 생각하면 아무리 내가 좋아하지 않는 채소일지라도 내 밭을 무단 점유했다고 함부로 뽑아 버리기 힘들다. 또한 하나의 씨앗에서 자란 작물이 또 다른 수백, 수천 개의 씨앗을 품고 그 생명을 꾸준히 이어간다는 사실도 놀라운 일이 아닐 수 없다. 이렇게 채소의 미래가 오롯이 담긴 씨앗 한 톨은 사실 하나의 거대한 우주나 다름없다는 생각이 든다.

농사 욕심이 늘면서 다양한 씨앗을 구매하기 위해 웹서핑을 하다가 우연히 **시드볼트**Seed Vault에 대한 기사를 읽게 되었다. 시드볼트는 핵폭발이나 기상이변, 자연재해 등 지구에 큰 재난이 닥칠 경우 주요 식물의 멸종을 막기 위해 미리 그 종자들을 차곡차곡 모아둔 곳이다. 노르웨이 스발

바르제도의 스피츠베르겐섬 땅속의 시드볼트와 (놀랍게도!) 우리나라 경상북도 봉화군에 있는 국립백두대간수목원 내 시드볼트가 대표적인 곳으로, 노르웨이의 시드볼트는 주로 작물 종자를, 우리나라의 시드볼트는 야생식물 종자를 저장하는 것이 특징이다. 시드볼트는 연구기관이나 유전자은행, 또는 개인으로부터 기탁받은 종자를 보관하고 있고, 이들이 기탁한 종자들은 특정 온도로 유지되는 땅속 깊은 저장실에서 보호받으며 언제 닥칠지 모르는 지구의 대재앙을 대비해 겨울잠을 자고 있다.

시드볼트는 그 존재 자체만으로도 씨앗이 인류의 삶과 그 지속성에 얼마나 중요한지를 명징하게 보여준다. 물론 시드볼트에 저장된 씨앗들을 꺼내야만 하는 일들이 인류에게 닥치지 않기를 바라지만, 여러 가지 재난과 기후변화로 인한 생태계 파괴로 인류는 어쩌면 이미 위기 상황에 놓여 있는 걸지도 모른다. 그렇게 생각하면 어제 먹은 애호박 하나, 오늘 먹은 토마토 하나가 너무나 귀하게 여겨지고, 생명의 근원인 씨앗 한 톨이 얼마나 위대한 자연의 선물인지 감사할 따름이다.

농사는 씨앗을 뿌리는 것으로부터 시작된다. 씨앗의 위대함을 이렇게 가까이서 보고 있노라면, 씨앗 뿌리는 행위의 의미 또한 남달리 느껴진다. 어쩌면 농부는 창조주의 또 다른 현현顯現일지도 모른다. 농부가 심는 씨앗 한 톨에서 수많은 우주와 거대한 세계가 태어나 우리와 만나고 다시 땅으로 돌아가니까. 그러니 오늘부터는 마트에서 보는 평범한 채소 한 개도 조금 더 특별한 눈길로 봐주길. 모든 작물은 씨앗에서 탄생한 우주의 또 다른 모습이며, 그 우주에는 씨앗 한 톨을 땅에 꼭꼭 심고 그것이 무탈하게 자라길 바라는 농부의 진심이 담겨 있으니까.

| 농사의 근본 2 |
지구의 두피를 지켜주세요

여러분은 면역력이 떨어지거나 스트레스를 받을 때 어떤 증상들이 나타나 괴로우신지? 나는 언젠가부터 스트레스를 많이 받으면 마치 털갈이하는 강아지처럼 머리카락이 우수수 빠지고 있다. 성인 여성이라면 하루에 100~150개의 머리카락이 빠진다고 하는데, 방바닥에 수북이 쌓인 내 머리카락들은 어림잡아도 그보다는 훨씬 많아 보인다. 심지어 떨어진 머리카락들만 보고도 집 안에서의 나의 동선이 눈에 훤히 보일 정도였으니, 어디 가서 길을 잃어도 떨어뜨린 내 머리카락의 흔적을 역추적해 보면 될 일이겠다. 엎친 데 덮친 격으로 스트레스의 강도가 높아지면서 머리에 열이 오르고 두피마저 욱신거리기 시작했다. 나이가 들면서 여기저기 아픈 것도 서러운데 하다 하다 이젠 두피마저 아프다니……
'노화란 이렇게 무자비한 것이구나!' 생각하며 초록색 창에 '두피 통증'을 검색해 보았다. 알고 보니 스트레스로 인한 두피 열감과 통증, 그리고 탈모는 모두 굴비 엮이듯 엮여 있는 증상들이었다. 두피가 건강하지 못할 때 탈모 증세가 일어나는 것이며, 탈모 증세의 치료 역시 두피를 건강하게 만드는 것부터였다. 전에 없던 각질까지 일어나 결국 두피 검사를 받으러 간 날, 특수 장비로 들여다본 두피의 상태는 그야말로 처참한 몰골이었다. 허연 각질이 두껍게 쌓여 모공을 막은 데다가 어떤 부위는 뻘겋게 부어올라 있기까지 했다. 가장 잔인한 포인트는 그마저도 듬성듬성 숱이 빠진 데다 극세사처럼 가늘고 힘없는 모발이었다. 애써 침착한 표정으로 정상적인 두피의 사진과 정상적이지 못한 내 두피를 비교해서 보여주는 관리실 직원분의 눈빛이 흔들리는 것을 나는 똑똑히 보았다. 나 역시도 살면서 충격적인 장면은 많이 봐 왔다고 생각했지만 세상일에는 그렇게 호언장담할 수 있는 것이 많지 않은 것 같다는 생각이 들었다.

그 후로 비싼 두피 스케일링을 받고 두피에 좋은 제품을 꾸준히 쓰는 등, 두피를 지극정성으로 돌보면서 통증은 서서히 가라앉았다. 물론 스트레스를 많이 받거나 뿌리 염색, 파마 등 두피에 해로운 짓을 자행할 때마다 두피의 건강은 다시 악화일로로 치닫고 있다.

비옥한 땅이라는 표현에서 **비옥**肥沃이라는 단어는 **살찌다, 기름지다**라는 뜻의 '살찔 비肥' 자와 **기름지다, 물을 대다**를 뜻하는 '기름질 옥沃' 자가 만나 만들어진 말로, **땅이 걸고 기름짐**이라는 사전적 의미가 있다. 한마디로 '물이 마르지 않고 촉촉하며 영양분이 풍부하여 작물이 왕성하게 잘 자라는 땅'이라는 뜻이다. 잘 알지도 못하는 한자를 이렇게 국어대사전까지 들먹이며 설명하는 이유는 건강한 두피에서 건강한 모발이

나듯, 건강한 땅이야말로 농작물의 생사를 결정하는 근원이라는 사실을 강조하고 싶어서다.

농사를 짓기 전에 농부들이 먼저 하는 일은 바로 밭갈이다. 밭갈이를 하며 흙을 뒤집고 갈아엎어 공기가 잘 통하게 만들고, 남아 있던 뿌리나 잡초 등을 제거하기도 하며, 물 빠짐을 좋게 해 작물의 뿌리가 썩는 것을 막아준다. 김매기도 비슷하다. 호미로 잡초를 뽑아주고 흙이 숨 쉴 수 있도록 굳은 땅을 뒤엎어 주는 작업이기 때문에 텃밭 농사 틈틈이 자주 해주는 것이 좋다. 밭갈이를 할 때 땅에 거름이나 퇴비를 뿌려주는 이유는 결국 흙이 비옥해져야 앞으로 심을 농작물들이 건강하게 자랄 수 있기 때문이다. 이렇게 작물이 아니라 작물을 품고 있는 땅에 양분을 주는 것이야말로 농사의 기본 원리 중 하나라고 보면 된다. 그런가 하면 건강하지 못한 땅에서 건강하지 못한 작물이 자라는 것 또한 당연한 결과

다. 토양살충제나 제초제, 농약 등을 땅에 뿌리면 그 성분들이 고스란히 흡수되어 작물에도 영향을 준다. 또한 땅에 스며든 화학 성분들은 증발해 비로 다시 내리기도 하고 토양오염과 지하수오염을 일으키기도 한다. 결국 인간이 뿌린 것은 어떻게든 인간에게 다시 돌아오는 순환 구조인 셈이다.

내추럴 와인의 교과서와도 같은 책, 『내추럴 와인Natural Wine』의 저자이자 프랑스 여성 최초로 세계에서 가장 권위 있는 와인 전문가 인증인 마스터 오브 와인MW을 딴 **이자벨 르쥬롱**Isabelle Legeron을 인터뷰한 적이 있다. 그녀는 포도 재배나 와인 양조 과정에서 아황산염 등의 첨가제를 넣지 않고 태초의 방식대로 자연스럽게 발효시킨 내추럴 와인, 그리고 내추럴 와인 운동이 위시하고 있는 친환경 이슈들을 내추럴 와인메이커들과 함께 널리 알리고 있는 환경운동가이기도 하다. 그녀에 대한 사전 조사를 하다가 우연히 『포브스Forbes』지에 실린 인터뷰 내용을 읽은 적이 있었는데, 그중 폐암으로 병마에 시달리다 고통스럽게 돌아가신 아버지에 대한 이야기가 눈길을 끌었다. 그녀의 집안은 대대로 코냑을 만드는 생산자로, 할아버지 대까지만 해도 모든 농사를 유기농법으로 짓다가 그녀가 고등학생이 됐을 무렵부터 아버지가 땅에 살충제, 제초제 등을 사용하기 시작했다는 얘기였다. 물론 정확한 인과관계라고 단언할 수는 없지만, 인터뷰 내용에 따르면 그녀는 결국 포도밭에 뿌린 그 독한 화학 성분들이 아버지를 아프게 한 것이 아닐까 짐작해 보는 듯했다. 인터뷰 당시 이 얘기를 언급하자 그녀는 '이런 슬픈 일은 우리 모두에게 일어날 수 있다.'며 환경오염에 대한 경각심을 재차 강조했고, 독자들에게 '내추럴 와인을 내추럴하게 만드는 요소의 90퍼센트는 농장, 즉 흙에 있다.' '내추럴 와인 그 자체보다는 내추럴 와인이 만들어지는 과정, 그것을 만드는 농부들, 그리고 자연에 주목하라.'는 말을 꼭 전해 달라고 했다. 결국 그녀에게 내추럴 와인이란 흙을 병들게 하는 과정을 생략하고 지난한 시간을 인내하며 포도를 키우는 농부들, 그리고 그런 농부들이 지켜내고 있는 자연과 인류에 대한 얘기인 셈이다.

화학 성분의 사용이 상품성 있는 작물을 대량 생산해야 하는 전문 농가에서는 어쩔 수 없는 선택이라는 점도, 그 사정을 잘 알지 못하는 입장에서 그저 못마땅하게 생각할 일만은 아니라는 것도 이젠 잘 안다. 조금 아이러니하지만 전문 농가의 이런 현실은 내 손으로 직접 농사를 지어보니 더욱 공감하게 된 부분이다. 나 역시 살충제를 안 쳐서 애써 키운 감자와 고구마를 굼벵이가 다 먹어 버렸다거나, 고추에 역병이 돌아 하루아침에 모두 죽어 버렸다거나 할 때면 화가 머리끝까지 난다. 당장이라도 살충제를 사다 다 몰살시켜 버리고 싶은 심정이다. 한동안 허리를 펴지 못할 정도로 잡초를 뽑아주고 왔는데 다음 주가 되면 원상태일 때도 마찬가지다. 제초제를 뿌려 잡초의 씨를 모조리 말려 버리고 싶은 마음이 굴뚝같다. 내 먹을 것만 키우면 되는 작은 텃밭 농사도 이런데 농사가 업인 전문 농가에서는 오죽할까. 하지만 인체에 영향이 없는 미량의 화학 성분이라도 영 마뜩잖은 건 어쩔 수 없다. 내 손으로 직접, 약을 안 치고 농사를 지어보니 내 입으로 들어가는 식재료가 어떤 땅에서 어떻게 자랐는지가 참 중요해졌다. 아마 도시농부라면 누구나 공감할 이슈라고 생각한다.

올해에도 나는 농사지을 밭에 화학 약품을 뿌리

지 않을 예정이다. 원래 친환경 농사란 벌레가 반, 내가 반 먹는 거라 생각하고 짓는 법. 그리고 잡초가 자라면 허리가 휘도록 뽑아주면 그만이다. 이럴 땐 5평 남짓 손바닥만 한 땅이라 얼마나 다행인지. 늘 '심고 싶은 채소를 마음껏 심을 수 있게 대지주가 되게 해주세요!' 하는 소원을 빌고 있지만, 친환경 농사를 짓겠다는 도시농부에게 '대지주 되기'는 어쩌면 빌어서는 안 될 소원일 수도 있겠다. 모발 건강의 근원이 두피에 있는 것처럼 농사의 근본이 그 땅에 있음을 배우고 난 뒤부터는 매년 봄, 주말농장의 개장 날이 더욱 설렌다. 올해는 농장의 어떤 구역에 내 밭이 배정됐는지, 그 밭의 흙은 어떤지, 밭고랑에 쭈그리고 앉아 눈으로 훑어보고 손으로 한번 만져본다. 김매기를 하고 나면 흙이 좀 더 편하게 숨 쉬는 것 같아 기쁘고, 흙을 드러낼 때 불현듯 마주치는 지렁이도 전처럼 징그럽게만 보이지

는 않는다. 땅속을 돌아다니며 흙이 숨 쉴 수 있는 구멍을 만들어 주고 배설물을 통해 양분을 공급하는 지렁이들은 오히려 손발이 야무지지 못한 도시농부가 고마워해야 할 존재다.

어쩌면 도시농부 소셜클럽이 해야 할 일은 모든 도시농부들이 지구의 두피를 지킬 수 있도록 좋은 영향을 전파하는 것이 아닐까? 소중한 흙에 화학 약품은 되도록 뿌리지 않기, 내가 먹을 채소를 벌레에게 양보할 줄 아는 대인배 되기, 땅을 파다 지렁이를 만나면 고맙다고 인사하기 등등. 그러니 여러분, 혹시라도 밭에서 지렁이와 대화 중인 농부를 본다 해도 너무 놀라지 마세요. 우리는 그저 지구의 두피를 지켜주고 있는 지렁이에게 고맙다고 인사하고 있을 뿐이니까요. 발밑에 있는 우리의 지렁이들은 당신이 먹고 있는 채소가 건강하게 자라도록 지구의 두피를 열심히 마사지해 주고 있는 중이랍니다.

| 도시농부 필수 장비 |
농사도 템빨이랍니다

며칠 전에 아파트 주차장에서 나가려다 타이어가 시원하게 터져 버려서 급히 보험사의 긴급출동 서비스를 이용한 적이 있었다. 만약 도로 위를 빠른 속도로 달리던 중이었다면 젊은 나이에 비명횡사할 뻔한 일이니, 한 번 더 살 기회를 주신 신에게 거듭 감사인사를 드리며 가슴을 쓸어내렸다. 이윽고 번개처럼 출동하신 기사님이 스페어타이어를 꺼내야 한다고 말씀하시며 차 트렁크를 들어 올리던 찰나, 아뿔싸…… 죽기 직전에나 보인다던 인생의 파노라마처럼 각종 농사장비를 사정없이 때려 넣은 내 트렁크 속 아수라장이 눈앞에 펼쳐졌다. 타이어가 터져 본 사람이라면 알겠지만, 스페어타이어는 트렁크 바닥 깊숙한 곳 비밀금고 같은 공간에 숨겨져 있기 때문에 짐을 다 들어낸 후 바닥을 덮은 카펫(?)을 열고 그 금고의 뚜껑을 열어야 꺼낼 수 있다. 매우 사려가 깊으신 기사님은 트렁크 속 사정에 대해서는 어떠한 질문도 하지 않으셨지만(그동안 본 것 중 최악의 트렁크는 아니었던 모양이다), 각종 농사 장비들을 하나하나씩 꺼내 바닥에 내려놓으며 이따금씩 이렇게 중얼거리셨다.

"아니, 차에 호미가……."

"……여기 또 있네, 호미……."(언제 올지 모르는 게스트 파머들을 위해 엑스트라 호미를 하나 더 가지고 다닌다.)

"……목장갑이……여기……저기도 한 짝 또 있네."

"(덩굴식물용 농사 집게가 담긴 봉지를 들어 올리시며)……."

트렁크 바닥에 쏟은 뒤 반년 동안 치우지 않았던 유기농 비료(정로환처럼 생겼다)를 급히 쓸어 담고, 잃어버린 줄 알았던 꽃무늬 농사 모자를 캠핑의자 A와 캠핑의자 B 사이의 숨은 공간에서 찾아낸 뒤에야 비밀금고를 덮은 카펫이 드디어 그 모습을 드러냈다. 스페어타이어를 꺼내 무사히 갈아 끼우고 기사님이 가신 후, 꺼내놨던 농사 장비를 하나씩 다시 트렁크에 넣으며 결연한 마음으로 버릴 것과 남겨둘 것을 정하기로 했다.

남겨둘 것
-호미
-챙이 넓은 밀짚모자
-고무장화
-팔토시
-농사 의자
-3M 장갑
-덩굴식물 농사용 집게
-농사용 가위

버릴 것
-바닥에 흘린 유기농 비료
-찢어진 목장갑 한 짝

도시농부도 연차가 쌓여갈수록 장비가 업그레이드된다. 그러니 트렁크에서 버릴 것은 별로 없고 앞으로도 채울 일만 남은 것이다. 처음에는 호미와 장화로 도시농부 라이프를 시작하게 되지만 시간이 지날수록 농사도 결국 **템빨**이라는 진리를 깨닫게 된다. 소비생활의 영역에는 '농사템'이라는 새로운 카테고리가 추가되고 그때부터 현질이 시작된다. 게다가 직접 체득하고 있는 바, 한국의 농업 기술과 농자재 기술은 정말 세계 최고다. BTS만큼이나 세계적인 위상을 떨치고 있는 것이 바로 K-호미가 아니던가! 때때로 TV에서 볼 수 있는, 연예인들이 난데없이 밭일을 하러 가는 예능 프로그램에 자주 등장해 눈에 익숙해진 농사 의자도 마찬가지다. '아, 이런 게 있으면 좋을 텐데.' 싶은 농사템들은 이미 다 우리나라에서 만들어지고 있어 소스라치게 놀랄 때가 한두 번이 아니다. 그렇다고 이것저것 사

모으다 보면 거지꼴을 못 면하니 조심하도록. 오늘은 혹시라도 이 책을 읽고 도시농부가 되고자 하는 꿈을 꾸고 있는 예비 농부들에게 농사에 꼭 필요한 아이템 몇 가지를 소개하고자 한다.

호미

농부에게 호미는 스타워즈의 주인공인 제다이의 광선검, 라이트세이버나 다름없는 농사템이다. 김매기, 씨앗 심기, 모종 옮겨심기, 흙 파서 뒤집기 등 그야말로 일당백 역할을 하는 농사템이어서 두어 시간 정도의 가벼운(?) 밭일로도 K-호미가 범지구적 위상을 떨치게 된 이유를 충분히 깨닫게 된다. 호미는 그 모양에 따라 종류가 다양하지만 인터넷에서 대충 3천 원 남짓이면 살 수 있다. 그런 호미가 아마존에서 적게는 12불, 많게는 35불까지도 하는 걸 보면 전에 없던 애국심마저 불끈불끈 솟아오른다. 게다가 농사뿐 아니라 가드닝 툴로도 유용하게 쓸 수 있기 때문에 외국에서도 인기가 많다.

농장에 놀러 온 게스트 파머들에게 제일 처음 하는 일 또한 호미 사용법을 알려주는 것이다. 어색했던 호미질이 금세 익숙해지면, 호미를 쥔 게스트 파머들의 표정도 사뭇 진지해진다. 마치 도구를 사용한 최초의 인류처럼 다들 상기된 얼굴로 열심히 김매기를 한다. 그런 게스트 파머들을 물끄러미 보고 있자면 호미를 쥐여준 나 자신이 조물주라도 된 것 같아 어깨가 으쓱해진다. 무릇 **연장**에는 이렇게 사람의 마음가짐조차 변하게 하는 힘이 있다.

고무장화

고무장화 역시 농사에 꼭 필요한 아이템이다. 밭일을 하다 보면 어떻게든 장화 속으로 흙이 들어오게 된다. 또한 농작물에 물을 주고 나면 땅이 항상 젖기 때문에 장화를 신는 게 속 편하다. 되도록이면 무릎까지 올라오는 긴 장화를 구입하는 것이 좋은데 이렇게 긴 장화를 신는다 해도 장화 속으로 종종 흙과 자갈이 들어와 당황할 때가 있다. 강도가 높은 장시간의 밭일을 하고 난 다음에 자주 생기는 일이다. '도대체 어떻게 자갈이 여기까지 튀어 올라 이 긴 장화 속으로 쏙 들어갔담???' 이 또한 농사의 여러 미스터리 중 하나다.

나와 우리 농부들이 애용하는 건 인터넷에서 1+1으로 2만 원 남짓 주고 산 초경량 농사용 고무장화다. 가끔 패션업에 종사하는 게스트 파머들이 그야말로 **어번파머룩**으로 한껏 치장하고 농장에 방문할 때가 있다. 그들의 장화 초이스는 레인부츠로 유명한 H사의 제품. 색깔만 다를 뿐 누구나 한결같이 그걸 들고 온다. 거두절미하고 말하지만 이런 건 밭일할 때 무거워서 못 쓴다.

한마디로 다리에 모래주머니를 차고 지옥훈련을 하는 것과 다를 바 없다. 하지만 일부러 이런 효과를 노리고 이 부츠를 들고 온 것이라면 할 말은 없다. 그래, 다리에 모래주머니를 차고 고수부지나 탄천을 달릴 만한 배짱을 가지는 게 쉬운 일은 아니니…… 차라리 무거운 장화를 신고 밭일을 하는 편이 낫겠다는 생각이라면 십분 이해할 수 있다.

챙이 넓은 모자

비타민 D가 모자라 눈 밑이 자주 떨리는 사람에겐 땡볕에서 일해야 하는 농사가 제격이다. 하지만 직사광선을 직격탄으로 맞고 기미와 주근깨를 왕창 얻고 싶지 않다면 선크림과 챙 넓은 모자는 필수로 챙겨야 한다. 특히 모자는 최대한 챙이 넓은 게 유용하다. 장화와 마찬가지로 가끔 잔뜩 멋을 부리고 방문하는 게스트 파머들이 **볼**

캡(그냥 야구 모잔데 요즘은 이렇게 부른다고)을 쓰고 올 때가 있는데, 밭일을 마치고 돌아갈 때쯤엔 후회 막급하는 꼴을 수없이 봤다. 볼캡이 가려주는 곳은 오로지 눈 밑까지. 밥 먹으러 가서 볼캡을 벗으면 이마와 콧등까지는 하얗고 그 밑으로는 빨갛게 익어 버려서, 사실 이것도 그런대로 볼만하긴 하다. 입가로 웃음이 비실비실 삐져나오는 걸 꾹 참고 "야, 너 얼굴 투톤됐어." 하고 말해주면 황급히 화장실에 들어가서 거울을 보고 울상이 되어서 나온다. 이런 꼴을 당하지 않으려면 볼캡 대신 꼭 챙 넓은 모자나 인터넷에서 파는 **자외선 철벽 차단 농사 모자** 같은 걸 구입하길 바란다. 이 세상에 투톤이어서 예쁜 건 역시 티라미수 정도인 것 같다.

팔토시

작물들이 왕성하게 자라나는 여름에 몇 시간씩

가지치기를 하다 보면 뜻하지 않게 '태닝'이라는 걸 하게 된다. 이른바 **농사 태닝**이라고, 햇빛이 닿은 부분은 잘 구운 식빵처럼 적당하게 갈색으로 그을리지만 햇빛이 닿지 않은 부분은 그냥 누렇기 때문에 상당히 창피해진다. 이러나저러나 돈 쓰지 않고 태닝을 한 것 자체로는 이득일지도 모르지만…… 어쨌든 팔뚝을 이렇게 그라데이션해 굽고 싶지 않다면 팔토시를 구입하는 게 좋겠다. 우리 농부들이 사용하는 것은 어릴 때 미술 시간에 착용했던 그런 귀여운 팔토시다. 초록색과 핑크색 체크무늬로 앞뒤에 고무줄이 들어가 있어 착용하기 간편하다. 인터넷에서 몇천 원이면 살 수 있는 농사용 팔토시나 운전할 때 쓰는 햇빛 차단용 팔토시를 사도 무방하다. 물론 용이 똬리를 튼 그림 같은 게 잔뜩 그려진 문신 프린트의 팔토시를 착용한다 해도 농장에선 그 누구도 뭐라 하지 않으니 취향대로 고르도록.

| 농사는 패션 |
멋 내기에 진심인 도시농부들

"아이고, 내가 못 살아…… 밭에 코트를 입고 왔네. 아가씨는."

2020년 4월, 서울시 친환경 농장의 개장 첫날. 베테랑 농사꾼인 농장 사장님의 혀를 끌끌 차게 만든 농사 1일 차 도시농부의 OOTD는 다름 아닌 하얀 운동화와 더플코트였다. 패딩을 입기에는 덥고, 점퍼를 입기에는 춥고. 그래서 선택한 것이 나름 캐주얼하고 얇은 더플코트였는데, 쭈그리고 앉아서 김매기를 하거나 모종을 심기에도 적합하지 않을뿐더러 흙이나 먼지가 묻으면 세탁도 쉽지 않은, 그야말로 TPO에 하나도 맞지 않은 OOTD였던 것이다.

패션과 트렌드, 문화와 예술을 다루는 월간 매체의 에디터로 꽤나 오랜 기간 일해 왔고, 주로 인물 인터뷰나 문화 예술 분야의 이슈를 다루는 피처 에디터지만 그간 어깨너머 훔쳐본 내공이 있는 만큼 패션을 등한시하고 살지는 않았다고 자부한다. 게다가 무턱대고 트렌드를 좇는 것만큼 지양하는 것은 바로 **TPO에 맞지 않는 옷을 입고 돌아다니는 것**인데, 아뿔싸…… 농사 첫날부터 TPO에 맞지 않은 복장을 선택해 뜻하지 않은 오점을 남기게 된 것이다.

비장한 각오로 집에 돌아와 제일 먼저 한 일은 핀터레스트를 열어 **urbanfarmer outfit, gardener's outfit** 등의 검색어를 넣어 외국 도시 농부들의 농사룩을 검색한 것이었다. 'TPO에도 맞으면서 멋도 내고 싶어!'라는, 패션 매체의 기자다운 일념과 지나친 열정으로 몇 시간 동안 몇 개의 룩을 고른 다음 해당 아이템을 찾아 또 몇 시간 동안 스마트스토어를 검색했던 추억이 떠오른다.

앞서 템빨의 중요성을 설명하면서 연장은 사람의 마음가짐도 변하게 한다고 강조한 바 있다.

더 나은 도구를 갖춰가며 느끼는 뿌듯함과 자신감을 발판으로 농부라는 **부캐**에 더욱 몰입해 가는 것이다. 비록 그것이 돈 주고 산 자신감일지라도 말이다. 하지만 인간은 연장의 능력과 스스로의 능력을 혼동하는 경향이 있기 때문에 좋은 장비를 구입해 작업의 능률과 흥미를 끌어올리는 것도 좋은 방법 중 하나라고 생각한다.

연장뿐 아니라 **복장** 또한 사람의 마음가짐을 변하게 한다. 유니폼이라는 게 존재하는 이유와 TPO에 맞는 옷차림이 얼마나 중요한지를 굳이 설명하면 엄청나게들 따분해할까 봐 더 긴말 하지 않겠다. 일단 농부의 유니폼이라면 더울 때는 시원하면서도 햇빛을 가려주는 복장, 흙이 묻거나 물이 튀어도 상관없는 복장이라고 할 수 있겠는데 이건 정말 현업에 종사하시는 전문 농부님들의 경우일 테고, 어설프게 취미로 농사를 짓는 우리 도시농부들은 실용성보다는 멋 내기에 아주 조금 더 진심인 편이다. 한마디로 염불보다 잿밥에 더 관심이 많은 케이스다.

농사 첫날의 OOTD 대참사 이후 나는 농장에 가는 날마다 다양한 어번 파머룩을 연출하고자 노력하는 편이다. 그날 보여줄 사람이 있든 없든, 누가 사진을 찍어주든 안 찍어주든 상관없다. 왜냐고? 그럴듯한 도시농부처럼 차려입고 밭에 나오면 그야말로 **기분이 조크든여**. 부캐가 좋은 점은 바로 이런 것이 아닐까? 생산적이지 않은 행위도 너그러이 용서되는 세계이기 때문에. 도시농부룩을 입고 나면 농부라는 부캐에 더욱 몰입해 밭일도 더욱 열심히 하게 되고, 농사 도중 종종 찾아오는 각종 좌절감과 패배감도 금방 떨쳐 버릴 수 있어서 본업과 농사 틈틈이 그저 기분이 좋아지는 농부룩 쇼핑을 하고 있다.

우리 멤버들 모두 패션을 다루는 미디어에서 기

인디고 에세이 시리즈

당신은 먹고사는 일 이외에 인생에 무해한 딴짓,
딴생각도 하며 살고 있나요?
단순한 취미 이상의 썸띵을 가지고 단단하게 인생을
꾸려가는 사람들의 이야기를 담았습니다.

도시농부
주중엔 매거진 에디터, 주말엔 텃밭 농부

editor's letter

'딴딴' 시리즈의 여섯 번째 책 『도시농부: 주중엔 매거진 에디터, 주말엔 텃밭 농부』는 본캐와 부캐 사이에서 삶의 균형을 찾는 중인 직장인 농부의 이야기입니다. 천혜빈 작가를 처음 만났던 날, 패션지 에디터답게 세련된 모습의 그를 흘깃 훑어보며 농사에 진심이라는 것이 믿기지 않았습니다. 그리고 한 시간쯤 이야기를 나눈 뒤, 그의 모습이 다시 보이기 시작했습니다. 수줍게 건넨 직접 키운 고추 선물을 품에 안고 돌아오던 길에는 자꾸만 웃음이 삐져나왔습니다. 책에는 직접 키운 농작물이 주는 뿌듯함, 사계절을 온전히 느끼는 즐거움, 세상의 모든 번뇌를 잊게 하는 노동의 맛, 초보 농부들에게 전하는 이야기 등 농사에 대한 애정이 흘러넘치는 작가의 이야기가 담겨 있습니다.

자와 포토그래퍼로 일하고 있기 때문에 저마다 이상적으로 생각하는 도시농부룩의 **키 아이템**이 하나씩 있다. 함께 농사를 짓고 있는 포토그래퍼 커플은 컬러풀한 모자에 집착하는 편인데 그게 사진을 찍었을 때 초록초록한 텃밭과 잘 어울리기 때문이라고 한다. 참으로 포토그래퍼다운 이유가 아닐 수 없다. 내가 가장 좋아하는 **키 아이템**은 바로 오버롤과 점프슈트. 이것이야말로 도시농부의 아이덴티티를 담은 아이템이라고 생각해서 주기적으로 인터넷 쇼핑몰을 검색하고 구입하곤 한다. 이제는 하도 검색을 해서 그런지 SNS에 접속하면 자동으로 오버롤과 점프슈트 광고가 뜬다(알고리즘이란 이렇게 무서운 것이다). 둘 중 조금 더 집착하는 아이템은 점프슈트인데, 작업복 중에서도 왠지 영하고 힙한 느낌이 나는 것이 참으로 끌린다. 90년대 힙합 그룹 멤버가 된 기분도 들고, 학창 시절 미대 건물에서

점프슈트를 입고 용접을 하던 조소과 오빠들도 떠오른다. 다만 키가 작은 나는 점프슈트를 사면 항상 여기저기를 수선해 입어야 하는 불편함이 있다. 기장도 기장이거니와 허벅지쯤 가 있는 엉덩이 포켓도 뗐다 다시 달아야 하고 허리춤도 올려 달아야 해서 옷값만큼 수선비가 똑같이 든다. 이렇게 공들여 수선한 점프슈트를 입고 밭에 나가면 본전 생각이 나서라도 정말 열심히 밭일에 몰두하게 된다(이것이 복장의 순기능인지 역기능인지 모르겠지만). 특히 점프슈트의 진가는 여름에 발휘되는데, 사방이 뚫린 구조상 공기가 잘 통해 시원해서 좋다. 물론 화장실에 갈 땐 더없이 불편하다. 그 누구도 보지 않지만 상체를 탈의해야 되는 구조상 변기에 홀로 앉아 왠지 모를 수치심을 참아야 한다. 그리고 아무리 짬푸슈트가 좋아도 디자인이 예쁘다고 무조건 다 사는 건 아니다. 일단 소재가 가벼워서 밭일하는 데 불편하지 않을 것, 그리고 흙이 묻어도 티가 잘 안 나는 어두운 색 위주로, 가격은 10만 원 이하여야 한다는 나만의 엄격한 철칙에 따라 구입하고 있다.

올해는 멤버들 각자 마음에 드는 점프슈트를 구입하고 등에 우리 클럽 이름인 'urbanfarmer socialclub'을 자수로 새겨 단복을 맞춰 입기로 결정했다. **어디서든 각자 열심히 농사를 지으면 된다**고 생각했던 우리가 **어디서든 함께 농사를 짓고 싶다**는 마음을 가지게 된 건 그간 함께 농사를 지으며 싹튼 동료 의식 덕분일 것이다. 우리는 한 팀이니까, 도시농부 소셜클럽만의 단복으로 더욱 단단하고 끈끈하게 함께라는 마음을 느끼고 싶다. 이런 게 바로, 말이 길어질까 봐 앞서 설명하지 않았던 유니폼의 존재 이유다.

몇 년째 나와 함께 농사를 짓고 있는 농부 커플. 나란히 점프슈트를 입고 텃밭에 온 날 내가 필름 카메라로 찍어준 사진이다.

| 농사의 이득 |

**농사를 지어서
뭐가 좋으냐고 물으신다면**

혼자만의 농사 타임을 즐길 수 있는 한갓진 혼농의 시간도 좋지만, 함께 밭일을 하는 맛은 또 다르기에 도시농부 소셜클럽의 회장으로서 틈틈이 회원 유치에 힘쓰고 있다. 표적은 주로 **잘 먹는 애들**. 잘 먹는 애들은 요리하는 걸 좋아하고 기본적으로 식재료에 대한 호기심이 지대하므로 농사에도 관심이 많은 편이다. 그래서 집에서 바질을 키우거나 틔운(LED로 채소를 키우는 가정용 스마트팜 기계)을 사서 잎채소를 키우는 애들도 종종 볼 수 있다.

이런 애들은 영업하기도 쉽다. 농장에서 갓 따온 애호박이나 가지를 선물하면 십중팔구는 그 싱싱함에 감탄하며 도시농부인 나를 부러워하는데, 이때 타이밍을 놓치지 않고 이런 멘트를 쳐준다. "이런 건 씨만 뿌리면 그냥 나. 야, 너두 할 수 있어 농사." 하고 우쭈쭈 해주면 대부분은 쉽게 넘어오게 되어 있다. 간혹 의심증이 있는 애들은 "근데 농사가 그렇게 간단한 일은 아니잖아? 자주 가야 하니까 시간도 들고, 왔다 갔다 교통비에, 모종 사고 씨앗 사고 밥 사 먹고 하면 그냥 사 먹는 게 낫지 않아?" 하고 맥 끊는 소리를 한다. 그러면서도 우리가 피, 땀, 눈물, 돈, 시간, 휘발유로 공들여 키운 유기농 채소를 요리해 먹고 나면 그 싱싱함에 짐짓 놀라서, "아, 나도 농사지을까?" 하고 갈등하는 모습을 보인다. 농사를 짓고 싶은 자아와 그 사실을 외면하고 싶은 자아가 51 대 49 지분으로 서로 싸우는 중인가 보다. 이런 애들이 "근데 농사가 그렇게 간단한 일은 아니잖아~!" 하고 도돌이표처럼 되묻는다면 그건 오히려 청신호다. 51의 자아를 조금만 더 설득해 달라는 무언의 구조 요청인 셈이니까. 이때를 놓치지 않고 도시농부가 되면 좋은 점을 조금만 더 열정적으로 역설하면 영업은 성공이다.

농사를 지어서 뭐가 좋으냐고 물으신다면 그거야 당연히 유기농 채소가 저절로 생긴다는 점이다. 대부분의 주말농장은 겨울에 쉬고 다음 해 새로 분양을 하기 때문에 양파나 마늘처럼 월동을 해서 쭉 키워야 하는 채소 말고는 한국인의 식단에 자주 올라가는 거의 모든 채소를 나 스스로 키워 먹을 수 있다. 농사를 시작하고 나서는 겨울을 제외한 계절에 마트에서 채소를 살 일이 점점 없어졌고, 가끔 마트에서 채소 코너를 지나칠 때면 '채소 왜 돈 주고 사 먹니?' 하는 마음에 나도 모르게 회심의 미소를 짓는다. 아……. 재수 없다. 조금 더 재수 없는 고백을 해볼까? 채소값이 오를수록 도시농부는 상대적으로 더욱 뿌듯해진다. 비농사인에게는 청천벽력 같은 **김장철 배추값 폭등**이라는 뉴스를 접할 때, 도시농부는 속으로 쾌재를 부른다. 급기야는 밭에서 나날이 커가는 배추를 보며 '제발 배추값이 떨어지지 않게 해주세요!' 하고 기도하기에 이른다. 배추를 24포기만 심었던 어떤 해는 공교롭게도 배추값이 금값이 되어서, '모종 하나라도 더 심을걸.' 하는 마음에 자못 아쉽기까지 했다. 농욕(농사 욕심)이란 이렇게 무서운 것이다.

내게는 **애호박지수**라는 것이 있다. 물가가 오르고 내리는 것을 단박에 알아차릴 수 있는 곳이 바로 마트의 채소 코너인데, 가장 좋아하는 채소인 애호박의 가격이 오르고 내림에 따라 나의 뿌듯함도 오르락내리락한다. 이따금 물가 상승으로 인해 애호박 가격이 거의 2천 원대에 달할 때면 더할 나위 없이 뿌듯해지곤 한다. 물론, 농장에 왔다 갔다 한 기름값과 시간 등을 따지면 사 먹는 게 훨씬 싸다는 사실을 모르는 바는 아니다. 쩝…….

농부가 되어서 좋은 점은 농사에 직접적인 연관

이 없어 보일지 모르는 일상에도 분명히 있다.

과실이 한창 풍성하게 열리는 어느 무더운 여름날에 있었던 일이다. 여름에는 해가 늦게 지니까 볕이 덜 뜨거운 4~5시쯤 밭에 가곤 한다. 평소처럼 4시쯤 농장에 가서 5평 밭에 열린 채소들을 모두 수확하고 무성하게 자란 잔가지를 농사 유튜브와 텃밭농사 책에서 본대로 열심히 정리했다. '1시간쯤 지났겠지.'라고 생각하며 정리가 다 끝나갈 때쯤 시계를 보았는데 앗, 이럴 수가. 어느새 7시가 넘어 해가 뉘엿뉘엿 지고 있었다. 한 번도 쉬지 않고 무려 3시간이나 그 자리에 서서 무념무상, 시간 가는 줄도 모르고 밭일을 했던 것이다. 살면서 3시간 동안이나 아무 생각도 하지 않았던 적이 있을까? 하물며 매일 밤 꿈을 꾸느라 잠을 자면서도 끊임없이 생각을 해야 했던 나는 마치 3시간 동안 숙면을 한 듯한 이 개운함에 꽤 큰 충격을 받았다. 현대인의 뇌는 얼마나 혹사

당하고 있는지. 3시간의 밭일에 몸은 힘들었을지 몰라도 뇌는 비로소 휴식의 시간을 가질 수 있었던 것이다. 단순히 **채소가 생겨서**만이 아닌, 바로 이런 순간 도시농부가 되면 좋은 점을 나는 몸으로 깨달았다.

농사를 지으며 단순한 작업을 반복하면서 몸을 쓰는 일의 고귀함을 깨닫게 된 이후론 머릿속이 복잡할 땐 더욱 밭일에 정성을 들인다. 묵묵히 김매기를 하고, 무성히 난 잡초와 잔가지를 정리하며, 사람이 아닌 채소들을 한참 동안 물끄러미 바라보다 온다. 아침에 눈 떠서 저녁에 잠자리에 들 때까지 하루 종일 듣는 음악도 이상하게 밭에 가면 듣고 싶지 않아진다. 뇌를 간질거리는 노랫소리와 가사도 이 시간을 방해할 순 없어서다.
잡생각이 많아지거나 속이 시끄러운 친구들이 간혹 게스트 농부로 밭에 오길 자청한다. 맨손으로 쉴 새 없이 잡초를 뽑고 나서 허리가 아프다고 투덜거리지만, 왠지 모르게 표정은 아까보다 훨씬 밝아졌다. 번뇌와 시름도 잡초와 함께 던져 버렸기 때문이겠지. 품삯으로 3천 500원짜리 잔치국수에 6천 원짜리 부추전과 막걸리를 하나 시켜주면 그들에게는 더할 나위 없이 완벽한 하루가 된다. 다음 날 '녹초가 돼서 세상모르게 잤다.' '허리가 아파서 파스값이 더 들었다.' 하는 귀여운 투정이 담긴 연락이 오면 나도 모르게 빙그레 웃게 된다.

도시농부는 밭으로 가는 길을 달릴 때 가장 마음이 설렌다. '오늘은 새싹이 얼마나 자랐을까?' '혹시 지난주 내린 폭우에 채소가 무르거나 벌레를 먹지는 않았을까?' '오늘쯤이면 다 여물었을 애호박은 또 얼마나 예쁠까?' 이런 생각들을 하면 어느새 가슴이 벅차오르고, 아무 생각도 하지 않

을 밭에서의 귀한 시간들이, 그리고 바구니에 그득히 담아올 귀여운 채소들이 더욱 소중하게 여겨진다.

역시 이런 감정은 도시농부가 되어보지 않으면 모르죠. 농사를 짓고 싶은 51의 자아들이여, 도시농부가 되면 좋은 점들이 이렇게나 많답니다. 영업용 멘트가 절대 아니구요, 이것은 도시농부 소셜클럽 회장이 몸소 체험해서 쓴 **내돈내산 리뷰**라구요. 그러니 생각이 많아 뇌가 피로하신 분들, 내 손으로 정성 들여 키운 유기농 채소를 요리해 먹고픈 분들. 모두 모두 밭으로 오세요. 텃밭에 오면 분명 당신에게 좋은 일들이 일어날 거예요.

| 도시농부 소셜클럽 결성기 |

도시락 대신
호미를 쥐게 된 사연

"도시농부 소셜클럽Urbanfarmer Socialclub이라는 이름은 어떻게 탄생했나요?"라든가 "이름이 엄청 기네요."라든가, "소셜클럽이라기에는 멤버 수가 너무 단출하지 않나요?"라는 얘기를 간혹 듣는다. 이름이 길다거나 소셜라이징하기에 농부 수가 너무 적다는 의견에는 그다지 보탤 말이 없고, 이름의 탄생에 얽힌 어마어마한 비하인드 스토리 같은 것도 딱히 없어 기대에 부응하지 못하는 점은 정말로 죄송하게 생각하고 있다.

'도시농부 소셜클럽'이라는 이름은 사실 전신이었던 **도시락 소셜클럽**Dosirak Socialclub을 대충 변형한 것이다. 도시락소셜클럽은 **티끌 모아 태산을 만들어 보겠다**는 절약 스피릿으로 정신 무장을 하고 회사에 도시락을 싸 들고 다니던 시절 만든 SNS 계정인데, 티끌 모아 티끌인 씁쓸한 현실을 맞닥뜨린 후 도시락과 함께 내팽개쳐진, 그런 슬픈 사연을 가진 계정이다. 도시락 소셜클럽이라는 이름은 도시락을 먹는 모임이니까 '도시락'을, 거기다 영화 〈조찬 클럽The Breakfast Club〉의 제목에서 모티프를 얻은 'Social Club'을 더해 도시락을 까먹으면서 5분 정도 고민해 지은 것이다. **도시락**의 **도시**와 **도시농부**의 **도시**가 겹친다는 사실을 발견하고 나서 이 우연한 연결고리에 스스로 얼마나 경탄했던지. 이후로 다른 이름은 더 생각하지도 않았다.

당시 도시락소셜클럽의 고정 멤버는 나와 내 어시스턴트 후배를 합쳐 달랑 두 명. 그리고 다이어트 도시락을 싸야 하는 팀원이나 열심히 사는 어른의 기분을 내보고 싶은(왜, 가끔 그러고 싶을 때 있잖아요.) 팀원들이 종종 식사 시간에 합류했다. 그러다 아무리 도시락을 싸고 돈을 아껴도 목돈이 증가하는 것을 가시적으로 확인할 수 없어 비뚤어지려던 찰나 농사를 시작하게 된 것이다. 나중에는 수확한 농작물을 요리해 그걸로 도시락을 싸기도 했으니 도시락 소셜클럽과 도시농부 소셜클럽의 이어짐은 정말 운명적인 사건이었던 것 같다. 그렇게 나는 도시락을 내팽개치고, 호미를 쥐게 되었다.

프롤로그에서 소개했던 것처럼 농사 첫해에는 코로나의 창궐로 인해 지인들을 밭으로 부르기 쉽지 않은 상황이었다. 그래서 그저 내 시간이 비는 날에 차를 몰고 가서 혼자 조용히 밭일을 하다 오곤 했다. 사부작사부작 밭일을 하고 와서 수확한 농작물을 소분해 예쁘게 포장한 다음 회사의 팀원들과 지인들에게 나눠주곤 했는데, 그 소일거리들이 삶에 새로운 낙이 됐다. 나름대로 신경 써서 주문한 선물용 크래프트지 포장 봉투에 농작물을 담고 마스킹테이프에 'Urbanfarmer Socialclub'라고 써서 겉면에 붙

이는 일괄적인 포장 형식도 만들었다.

농사를 시작하길 잘했다고 백 번 천 번 확신할 때는 바로 그렇게 포장된 대파나 가지를 받는 사람들이 정말로 순수하게 재미있어 하는 모습을 볼 때였다. 그리고 내팽개쳤던 도시락 소셜클럽 계정에 그 과정을 사진으로 찍어서 조금씩 올렸더니 의외로 많은 사람이 주중에는 도시인으로, 주말에는 도시농부로 사는 나의 라이프스타일을 흥미로워하며 관심을 가지기 시작했다. 그즈음 유행하던 부캐라는 개념이 나의 삶에도 적용되고 있었던 것이다. 그러다 보니 내게 농작물을 선물 받거나, SNS에 올라간 농사 사진을 보거나 하며 농사일에 흥미를 가지기 시작하는 지인들도 늘어났다. 도시농부의 하루를 체험해 보고자 농장으로 방문하는 게스트 농부들이 이윽고 하나둘씩 생겨났다. 물론 대부분은 밭일을 한번 해보고는 "어, 다음 주말은 선약이 있어서~ 다다음 주? 그때도 선약이 있어서 올 수 있을지 모르겠네!"라며 먼발치를 보며 말을 더듬거렸지만. 그래도 가을 농사에 참여해 김장까지 함께한 후배 커플, 종종 힘쓰는 일이 있을 때 와서 나보다 더 힘을 쓰고 돌아간 친구들, 군대에서의 추억을 더듬으며 쉬지 않고 잡초를 뽑아주고 간 친구들 등등…… 어쩌다 보니 농사 첫해에도 수많은 게스트 농부들이 나의 밭을 다녀갔다.

특히 몇 년째 함께 농사를 짓고 있는 고정 멤버들은 이제 우리 도시농부 소셜클럽의 가장 소중한 존재들이다. 『보그걸Vogue Girl』이라는 매체의 기자로 일할 때 만나 꾸준히 인연을 이어왔던 이 포토그래퍼 커플은 나보다 더 농사에 진심인 사람들이다. 생명이 커가는 것을 볼 때면 매번 처음 보는 것처럼 놀라워하고, 작은 새싹 하나도 뽑지 못하고 소중하게 생각하는 성향이 나와 많이 닮아서 두 사람과 농사를 지으면 같은 기쁨을 나눌 수 있는 순간이 배로 늘어난다. 게다가 포토그래퍼와 도시농부를 오가는 이 두 사람의 라이프스타일을 지켜보다 용기를 얻어 농사에 도전한 도시농부들도 조금씩 생겨나고 있다. 주중에는 도시인으로, 주말에는 도시농부로 재밌게 사는 모습만 보여줬을 뿐인데 어느새 조용히 가지를 뻗어나가고 있는 도시농부 소셜클럽이 되어 버렸다.

언제나 내가 쓴 원고를 제일 처음 읽어보시는 우리 편집자님이 '도시농부 소셜클럽의 멤버 영입 기준은 무엇인가요?'라는 질문을 하셨는데, 기준은 딱 한 가지 뿐이다(그것도 방금 정한 것이다). 도시농부 소셜클럽의 멤버들이 사는 모습을 보고 농사를 짓기 시작한 도시농부면 된다는 것! 꼭 우리랑 같은 밭에서 농사를 지을 필요도 없다. 전국 방방곡곡 어디에서든 자기가 있는 자리에서 즐겁게 농사를 지으면 된다. 그리고 주변 사람들에게 그 모습을 보여주고 도시농부 소셜클럽의 선한 영향력을 널리 전파해 주면 자격 조건은 충분하다. 이렇게 가랑비에 옷 젖듯 도시농부들이 늘어난다면 10년 후쯤에 도시농부 소셜클럽만의 농장을 하나 마련해 다 같이 모여도 재밌을 것 같네. 그럼 저는 10년 후에도 여전히 회장으로서의 역할을 충분히 해낼 수 있도록 좀 더 건강 관리에 힘쓰겠습니다. 이미 작년보다 김매기가 힘들어지는 걸 보니 이 노쇠해져 가는 팔, 다리, 허리, 어깨가 걱정이지만요.

| 농장의 생명들 |

벌레는 무섭지만
농사는 짓고 싶어

어느 월요일 아침 출근길에 있었던 일이다. 여느 때처럼 강변북로의 정체 속에 운전대를 잡고 멍하니 창밖을 바라보고 있었는데, 어디선가 알 수 없는 기척이 느껴졌다. 왜 그럴 때 있지 않나? 이 공간 안에 존재하는 생명체가 나 혼자만은 아닌 듯한 느낌이 불현듯 스칠 때. 그리고 슬픈 예감은 왜 틀린 적이 없는 것인지. 다급히 사방을 둘러보려던 찰나, 눈앞에 거미가 나타났다.

약간의 TMI를 방출하자면 살면서 무서운 것은 단 두 가지, 무서운 영화와 벌레다. 나비도 예외는 아니다. 내겐 그저 조금 예쁘게 생긴 나방일 뿐이다. 물론 손바닥만큼 크거나 털이 부숭부숭 나 있거나 알록달록한 무늬가 있는 무시무시한 거미는 아니었지만, 벌레 공포증이 있는 내게 **달리는 차 안, 밀폐된 공간, 거미와 단둘……** 그 자체가 스릴과 서스펜스 가득한 공포 영화나 다름없었다. 선바이저에서 줄을 타고 내려온 거미가 내 눈높이쯤에서 잠시 숨을 고르기 위해 멈추었을 때 나는 아무도 듣지 못할 외마디 비명을 질렀다. 그런데 인간이 이 정도 소리를 질렀으면 도망가는 시늉이라도 해줘야 인지상정인 것을, 이 무자비한 거미는 도통 아랑곳하지 않았다. 분명 곤충에게도 청각 기관이 있다고 들었는데, 이 친구는 청각을 상실한 개체거나 아니면 내 비명 소리에 조금 전 청각을 상실한 것이 분명했다. 강변북로의 정체가 풀리기 시작해 어찌저찌 회사에 도착했지만 도대체 무슨 정신으로 운전을 했는지는 지금도 풀지 못한 미스터리다.

농장에는 이런저런 거미들이 아주 많다. 땅속에서 나오는 친구들도 있고 가지에 그물을 쳐 하루살이들을 잡아먹고 사는 친구들도 있다. 수확한 작물에 숨어 내 차에 무임승차한 거미도 그중 하나였으리라. 혹시 도시 생활을 꿈꾸었던 걸까? 그런 것이 아니라면 갑작스레 바뀐 삶의 터전에 적응하느라 얼마나 괴로워했을지. 강남 한복판에 가차 없이 하차시켜 버린 그 거미의 안위가 문득 걱정된다.

도시인의 눈에 친숙한 거미 같은 벌레들은 그래도 양반이다. 나는 농장에 다니면서 이전엔 단 한 번도 본 적 없는 갖가지 희한한 벌레들과 안면을 텄다. 주로 잎채소 위에 거주하는 배추벌레나 땅속의 굼벵이는 그래도 귀엽게 생긴 축에 속한다. 사마귀나 방아깨비 같은 애들은 호미를 든 인간이 나타나도 전혀 쫄지를 않아 되려 인간을 쫄게 만들고, 나뭇가지 모양으로 생겼거나 에일리언처럼 생긴 몬스터급 벌레도 종종 마주친다. 이 정도로 무섭게 생긴 애들이 나타나면 나는 그야말로 기절초풍이다. 물론 햇수를 거듭할수록 조금 덜 놀라기는 하지만 그렇다고 덜 무서운 건 아니다. 벌레가 펄쩍펄쩍 뛸 때마다 나도 무서워서 펄쩍펄쩍 띈다. 여전히 꽥꽥 소리를 지르면서 몇 년째 꾸준히 농사를 짓고 있다.

많은 사람이 '벌레를 그렇게 무서워하면서 어떻게 농사를 짓냐?'고 묻는다. 글쎄, 벌레는 여전히 무섭고 혐오스러운 존재지만 밭에서 마주칠 땐 어쩐지 조금 다르게 느껴진다. 채소를 심고 가꾸면 채소의 삶뿐만이 아니라 그 땅을 터전으로 살아가고 있는 모든 생명의 삶이 보인다. 농부의 눈으로 벌레들의 삶을 들여다보니 내가 그들의 터전에 불쑥 나타난 불청객이라는 사실을 자각하게 된 것이다. 그렇게 생각하면 아무리 벌레가 징그럽다 해도 펄쩍펄쩍 뛸 일이 아니다. 불청객에게 소작할 땅 한 켠을 내어준 것만 해도 고마운 셈이다. 이제는 웬만하면 벌레들이 다치지 않게 호미질도 조심조심, 가지치기도 조심조심, 그리고 농작물에 섞여 갑자기 고향 땅을 떠날 일 없도록 수확한 작물에 벌레가 있는지 없는지도 잘 살

펴보고 있다.

농장은 수많은 생명이 공존해 나가고 있는 삶의 터전이다. 천연덕스럽게 밭을 헤집고 다니는 들고양이도 있고, 도시에서는 들어본 적 없는 독특한 울음소리를 내는 산새도 있다. 여름밤 땅거미가 내리면 합창을 하기 시작하는 맹꽁이도, 유난히 초당옥수수를 좋아하는 민달팽이도 모두 도시농부가 되지 않았다면 모르고 살았을 농장 공동체의 일원이다. 이렇게 벌레는 벌레대로, 식물은 식물대로, 동물은 동물대로 자기들만의 질서와 법칙을 따르며 자연의 방식에 순응하며 살아가고 있다.

그런가 하면, 인간은 여기 멋대로 끼어든 불청객이자 자기 입맛대로 환경을 바꾸고 자연의 질서를 흩뜨린 주범이다. 언젠가 인터뷰를 통해 만난 식물 세밀화가이자 『식물 산책』의 저자인 **이소**

영 작가와 농작물을 망치는 생태계 교란종 식물에 대해 얘기를 나누었는데, 그는 왕성한 번식력 때문에 인간으로부터 생태계 교란종으로 불리지만 그 식물들 또한 그저 **인간과 다를 바 없이 지구를 터전으로 살아가는 또 하나의 종일 뿐**이라고 했다. 이소영 작가와 나는 '어쩌면 인간이야말로 지구의 가장 위험한 생태계 교란종'이라는 얘기를 나누며 씁쓸한 마음을 애써 감춰야 했다.

가끔 출근길에 동부간선도로의 갓길까지 들어와 힘겹게 먹이를 구하고 있는 고라니를 볼 때가 있다. 차가 씽씽 달리고 소음과 매연이 이렇게나 심한데, 예민한 고라니가 여기까지 온 것은 인간의 무분별한 개발로 삶의 터전을 잃었기 때문일 테다. 또한 농장에서는 힘겹게 싹을 틔우고 자란 비트의 새순을 간밤에 고라니가 다 먹어 치웠다거나, 오랫동안 애지중지 키운 과수의 뿌리를 두더지가 다 헤집어 놓고 가는 일이 종종 있다. 태곳적부터 저들의 터전이었을 곳을 인간이 갈고 엎은 것일 테니 고라니와 두더지를 탓할 수만은 없다. 물론 농사를 업으로 했다면 속이 새카맣게 타 들어갈 일이겠지만. 그래도 우리가 공존해야 하는 방법을 꾸준히 모색해야 하는 까닭은 지구가 인간의 것만은 아니어서다. **인간은 혼자 살 수 없다**는 말은 인간과 인간의 관계만을 얘기하는 것이 아니며, 다른 생명들의 삶을 들여다보고 존중하는 방법을 실천할 때 비로소 인간은 존엄해진다. 이것이 농장의 생명들이 내게 가르쳐 준 교훈이다.

| MBTI 농사이론 |
INFJ 농부의 희로애락

MBTI별 공감 능력 순위

1위 INFJ 느끼고 싶지 않아도 강제 공감.

2위 ENFJ, ESFJ, ISFJ 고민 상담 전문가.

3위 ENFP, ESFP 친구가 우울하면 나도 우울.

4위 INFP, ISFP 공감은 잘하는데 묘하게 관심 없음.

봄바람에 스러져 간 새싹이 안타까워 발을 동동 구르던 나…… 수꽃과 암꽃을 오가며 열일하는 꿀벌의 엉덩이를 사랑스럽게 바라보던 나…… 처음으로 수확한 애호박에 '초복'이라는 이름을 붙여주고 테이블 위에 올려둔 뒤 한참 동안을 바라만 보았던 나…… 한 해 농사의 마지막 날, 생명을 다한 채소들에게 소리 내어 작별 인사를 건넨 후 마른 가지들을 슬픈 마음으로 정리하던 나…… SNS에 떠돌아다니는 MBTI 유형별 공감 능력 순위를 보는 순간, 텃밭 농사를 지으며 일희

일비하던 나의 모습이 주마등처럼 스쳐 지나갔다. 이제 나는 비로소 알게 되었다. 내가 왜 이렇게 채소의 일생에 감정이입을 하고 있는지. 그건 바로 공감 능력 순위 1위인 INFJ이기 때문이었다!!!

그렇다. 채소에게도 분명 일생이라는 것이 존재한다. 씨앗에서 시작해 노지의 거친 풍파를 이겨내고 발아하여 새싹을 틔우고, 오락가락하는 기후와 벌레들의 무자비한 공격으로부터 생존하여 열매를 맺는 황금기를 보낸 뒤 이윽고 서서히 생명을 다해 다시 자연으로 돌아가는 일생. 농부가 되면 이렇듯 채소의 일생에 감정이입할 일이 수만 가지는 된다(채소에게 '일생'이 있다고 의인화하는 것부터가 일단 INFJ스럽다). 생물, 무생물 할 것 없이 만물에 대한 공감 능력이 절절 흘러넘쳐서 하루의 끝에는 왠지 모를 피곤함이 밀려오는 INFJ 농부에게는 더더욱 그렇다.

INFJ 농부가 채소의 일생에 감정이입을 하는 과정과 그 양상은 대략 다음과 같다.

새싹이 탄생할 때: 기쁨의 눈물(관계 형성).
열매를 맺을 때: 사랑의 눈물(심지어 이때 '초복이' '말복이'와 같은 이름을 지어줌. 유대감 생성).
농사가 망했을 때: 분노의 눈물(갈등과 충돌).
생명을 다해 자연으로 돌려보낼 때: 숭고한 눈물(사랑의 완성).

그야말로 이래도 울고, 저래도 운다. 이런 식이니 MBTI 유형이 다른 회원 농부들은 텃밭에서 목격하게 되는 INFJ 농부의 기행에 흠칫 놀랄 때가 많다. 그래도 여름쯤 되면 이들도 INFJ 농부의 감정 널뛰기에 익숙해진다. "가지 안녕! 애호박 안녕! 다음 주까지 무럭무럭 자라야 해!" 하고 텃밭에다 대고 육성으로 인사하는 나를 보고도 더 이상 놀라지 않게 되는 것이다. 그저 **그러려니** 혹은 **또 저런다** 하는 표정으로 저만치 앞서 걸을 뿐(아무래도 창피하긴 한 모양이다). 어쨌든 INFJ가 도시농부가 되면 그 결과는 아주 극단적이다. 금이야 옥이야 하며 잘 키워내거나, 아니면 안달복달하다 제풀에 지쳐 포기하거나 둘 중 하나다. 하긴, 공감 능력 순위 꼴찌인 ISTP나 INTP도 마찬가지일 것 같다. 공감 능력이 부족하니 오히려 감정에 휩쓸리지 않고 대범하게 잘 키우거나, 아니면 작물들을 방치해 온 밭의 채소들을 다 말려 죽일 수도 있을 것 같다.

하지만 한 사람은 거대한 우주와도 같이 다면적이고 혼란스러운 존재이기 때문에 MBTI나 별자리 같은 분류 방식으로 나눈 뒤 특정 유형으로 구분 짓기는 어렵다고 생각한다. 음, 그렇다고 생각하지만…… MBTI 유형별 특징을 요목조목 정리해 둔 SNS 계정을 들여다보면 볼수록 나는 왜 이다지도 전형적인 INFJ 유형의 인간인지 탄복할 따름이다. 어쨌든, 자신이 농사에 자질이 있는 도시인인지 궁금하다면 본인의 MBTI 유형을 한번 떠올려 보시라. 채소의 일생을 지켜보며 매일 울거나 웃을 준비가 되었다면, 당신은 도시농부 소셜클럽의 훌륭한 회원이 될 자질을 충분히 갖추었다. 공감 능력도 뛰어난 데다 통찰력까지 우수한 INFJ 농부가 하는 얘기니 믿어도 좋다.

채소에게 과몰입하던 지난날. INFJ 농부의 인스타그램 피드에는
이처럼 1년 내내 희노애락 퍼레이드가 펼쳐진다.

| 애착 채소 |
당신이 가장 좋아하는 채소는 무엇인가요?

열 손가락 깨물어 안 아픈 손가락 없다지만 내게는 유독 애지중지, 예뻐라 하는 채소가 하나 있다. 그것은 바로 애호박! 애호박은 '예쁘고 맛도 좋다' '그러니 원 없이 먹어보고 싶다'라는 다분히 사소한 이유로 내 **애착 채소**가 되었다. 앞서 〈농사의 이득〉편에서도 언급했었지만, 장바구니 물가를 체감하기 위해 보통 1천 원에서 2천 원대를 오가는 애호박 가격을 그 기준으로 둔 것(일명 **애호박 지수**)도 애호박이 그다지 저렴한 채소는 아니어서다. 4인 가족의 식단으로 된장찌개에 썰어 넣거나 나물이라도 해 먹는다 치자. 한 번 요리를 할 때 애호박 한 개 정도는 거뜬히 해치울 텐데, 비농사인으로서는 매일 사 먹기 꽤 부담스러운 가격일 테다. 어쨌든, 나는 애호박 마니아로서 물가에 구애받지 않고 좋아하는 애호박을 원 없이, 마음껏 먹어보고자 몇 해째 빠짐없이 애호박을 농장에 심어 키워 먹고 있는 중

이다.

하지만 애호박은 키우기 난이도가 여간 높지 않다. 모종을 심고 나서는 어미 줄기, 아들 줄기를 잘 구분해 순지르기도 해줘야 하고, 덩굴이 마구 뻗어나 자라는 **덩굴식물**이라 지지대와 유인망을 설치해서 집게로 집어 올려 깔끔하게 정리해줘야 한다. 명색이 도시농부 소셜클럽의 회장이지만, 유튜브 튜토리얼을 아무리 들여다보고 또 들여다보아도 애호박을 정석대로 정리하는 방법을 몇 해째 익히지 못했음을, 그냥 에라 모르겠다는 심정으로 마구잡이로 잘라주고 있음을 고백하는 바다.

그러나 애호박은 대견하게도 늘 자기 방식대로 잘 자란다. 조막만 한 덩굴손을 뻗어 유인망을, 유인망이 복잡하면 옆에서 자라고 있는 고추나 방울토마토의 가지를 붙잡고서라도 생명을 지

탱해 나간다. 그리고 그 덩굴손에서 노오란 호박꽃을 피워내고, 꿀벌의 도움으로 마침내 열매를 탄생시킨다. 메추리알만 했던 아기 애호박이 점점 묵직하게 커가는 모습을 보고 있자면 말로 다 표현할 수 없는 감동이 밀려온다. 단지 애호박이 공짜로 생겨서가 아니다. 애호박이 탄생하는 모든 과정을 옆에서 지켜볼 수 있어서 감동하는 것이다. 그래서 가녀린 줄기에 애호박들이 주렁주렁 열리는 8월쯤엔 늘 이런 생각을 한다.

아, 농사짓길 정말 잘했어.

유독 모양이 예쁜 애호박들은 가끔씩 수확한 채소를 담은 비닐봉투에서 꺼내 조수석에 태운(놓은) 채 집에 돌아온다. 물론 미친 사람 취급을 받을까 봐 안전벨트까지 채우진 않지만, 신호대기 중이거나 교통체증이 생겨도 조수석에 앉은 예쁜 애호박들을 구경하면서 집에 귀가하면 전혀

지루하지가 않다. 그런데 이렇게 애지중지 태워온 애호박을 집에 오자마자 잡아먹는 이 아이러니함이란……. 채소도 생선이나 고기처럼 갓 잡았을 때가 가장 싱싱하니 어쩔 수 없는 일이다. 어쨌든 그것이 채소의 숙명이라는 걸 받아들이길 바라며, 열심히 자라 나의 일용할 양식이 되어준 애호박에게 잠시 묵념한 후 도마 위에 올려 송송송 썰어 버린다.

애호박을 수확한 날은 보통 호박전을 부쳐 먹는다. 동그란 모양 그대로 편 썰어 밀가루와 계란물을 입혀 부쳐 먹거나, 잘게 채 썰어 부침가루와 튀김가루를 1:1로 풀고 새우와 홍고추를 얹어 기름을 넉넉히 두르고 둥글게 부쳐 먹기도 한다. 예쁜 맥주잔에 캔맥주 한잔을 쫄쫄쫄 따른 후 호박전과 함께 페어링할 때면 늘 이런 생각을 한다.

아, 농사짓길 정말 잘했어.

당신이 가장 좋아하는 채소는 무엇인가요?라는 질문에 망설이지 않고 답할 수 있는 채소들이 있는지? 고추를 정말 좋아해서 고추를 선물하면 그 자리에서 먹어 치우는 기행을 선보이는 지인이 있다. 마치 당근이나 오이 스틱을 먹듯, 생고추를 아작아작 씹어 먹는다. 그리고 그 자리가 어디든 먹어 치우는 퍼포먼스를 선보여 기함을 토하게 만든다. 회사 로비든, 카페든, 집이든, 일단 포장을 뜯어서 먹어 버린다. 농사지은 사람 입장에서는 고맙고 뿌듯한 장면이긴 한데, 그 고추가 청양고추라서 조금 무서웠다. 썰다가 손에 닿았더니 피부가 쓰라릴 만큼 초강력 매운맛 청양고추였는데……. 당신의 미각은 대체 어떻게 된 거죠??

그런가 하면 가지는 모종이 자리를 잘 잡으면 특별히 신경 쓰지 않아도 곧 주렁주렁 과실을 맺는 채소 중 하나라, 넉넉히 선물하며 인심 쓰기 좋은 작물이다. 가지를 좋아하는 어떤 지인은 내가 선물한 가지로 여러 가지 요리를 만들어 먹고 꼭 인증샷을 보내주곤 해, 땀 흘려 키운 농부의 마음을 더욱 뿌듯하게 해주었다. 가지 그라탕, 가지 파스타, 가지냉국, 가지밥, 가지나물 등등. 너무나도 뜨거운 그의 가지 사랑은 가지를 싫어하는 사람들이 '이렇게 가지를 좋아하는 사람이 있다니…… 졌다, 졌어!' 하면서 가지 요리를 시도하게 만들 수도 있을 만큼 열렬해 보인다.

채소를 키우며 이렇게 누구에게나 애착 채소가 있다는 사실을 새삼 발견한다. 밥 한 술에 상추를 두 장씩 겹쳐 싸 먹는 상추 마니아, 방울토마토 한 통을 앉은 자리에서 다 먹어 치우는 방토 마니아, 고깃집에 가서 고기보다 오이를 더 많이 먹는 오이 마니아 등등. 소중한 사람들을 떠올리면 그 사람의 애착 채소가 자연스레 생각나는 나는, 그리고 그 채소들의 수확 시기가 되면 자연스레 소중한 사람들의 얼굴이 떠오르는 나는, 어쩔 수 없는 도시농부인가 보다.

| 농사 초보 비권장 작물 |

난이도 '상' 내공을
쌓고 오십시오

내 입으로 말하기 좀 쑥스러운 사실이지만 주위에서는 나름 **식물금손**으로 알려져 있는 편이다 (역시 말하고 나니 쑥스럽다). 몇 년간 꾸준히 농사를 짓고 있기도 하고, 농작물뿐 아니라 손에 들어오는 꽃이며 화분 등을 웬만해선 죽이는 일 없이 잘 키워서이기도 하다. 식물 집사가 트렌드인 요즘에는 식물금손인 내 평판이 더욱 도드라지는 중인데, 그건 손만 대면 식물들이 죽어 나가는 **식물살인마**들이 그만큼 상대적으로 많아서다. 이 집단의 특징은 봄이 되면 새로운 식물을 왕창 들이고 여름이 오기 전에 모두 저세상으로 보내 버린다는 것. 거기에는 아무리 상해도 흙에 다시 꽂아 두기만 하면 되살아나는 다육이도 있고, 심지어 흙 없이 공기만 있어도 살아간다는 틸란드시아 같은 식물도 어김없이 포함된다. 이런 식물들은 토치로 태워 버리거나 지구 밖으로 던져 버리지만 않는다면 사실 그 어디에서도 살아남을 수 있다. 그런데도 용케 저세상으로 보내 버리는 사람들이 그렇게나 많은 것이다. 식물 입장에서 보면 이 일군의 집단은 그야말로 지옥에서 온 저승사자나 다를 바 없다.

그런데 농사는 좀 다르다. 방금 전까지 식물살인마들을 실컷 디스해 놓고 이런 고백을 한다는 게 참으로 뻔뻔하고 면목도 없지만, 농사를 짓다 보면 식물금손인 나조차도 자연 앞에 무릎을 꿇게 되는 실패의 순간들이 종종 생기게 된다. 노지에서의 농사란 아무래도 기후나 환경의 영향이 큰 법이니 농부의 뜻대로 되지만은 않는 것이다. 농사 애송이 시절은 말할 것도 없고, 이 구역이 어떻게 돌아가는지를 어느 정도 깨우친 지금도 예상치 못한 작물들이 예상치 못하게 죽어 나가는 걸 보며 이루 말할 수 없는 허탈함을 느낄 때가 많다. 나 같은 금손마저 차가운 흙바닥에 무릎을 꿇게 만든, 난이도 '상'에 속하는 작물들은 다음과 같다.

당근

당근은 '당근'이라는 글자를 읽기만 해도 악이 오르는 작물이다. 지난 2년 내내 멀쩡하게 생긴 당근을 단 한 개도 수확해 보지 못했기 때문이다. 농사 첫해에 수확한 당근은 모두 내 중지손가락만 했고(분명 일반 크기의 당근 씨앗을 파종했는데), 이듬해 심은 당근들은 무슨 역병이 돌았는지 수확할 시기가 오기도 전에 모두 땅속에서 썩어 문드러져 죽어 버렸다. 그 후로는 마트에서 파는 멀쩡한 당근을 볼 때마다 부아가 치밀어 오른다. '어떻게 하면 이렇게 멀쩡한 당근을 키워낼 수 있는 거냐?' 하며, 패배감에 사로잡힌 나의 내면은 대상 없는 분노를 허공에 터뜨린다. 어쨌든, 당근의 신이라는 게 존재한다면 그 혹은 그녀가 내 편이 아니라는 것만큼은 확실하다.

당근은 모종을 사다 심기보다 텃밭에 직접 씨앗을 파종하는 게 좋다. 당근이나 무처럼 땅 밑으로 자라는 작물들은 옮겨심기를 할 경우 기형으로 자랄 가능성이 높기 때문이다. 그렇다고 씨앗을 파종해서 키우는 게 더 쉽냐 하면…… 딱히 그런 것도 아니다. 광발아성인 당근씨는 흙을 아주 얇게 덮어줄 정도로만 심어야 하는데, 그러다 보면 빗물 등에 자주 유실되기 때문이다. 그리고 자주 솎아주지 않으면 훗날 수확할 때 당근과 당근, 그리고 또 다른 당근이 서로 한데 엉겨 붙어 몸을 배배 꼬고 있는, 어디 가서 쉽게 못 보는 그런 진귀한 광경을 목격하게 될 수도 있다(물론 먹는 데는 아무 문제없다). 다행히 발아에 성공했다 하더라도 아직 마음을 놓긴 이르다. 당근은 물을 너무 많이 줘도 안 좋은데, 기록적인 장마가 거쳐 갔던 농사 첫해의 당근들은 굵게 자라지 못하고 잔뿌리만 잔뜩 달려 지인들로부터 '인삼을 심은 것이냐.'

하는 조롱을 숱하게 들어야 했다.

올해는 상대적으로 수확 시기가 짧아 키우기 좀 수월해 보이는 미니당근(손가락 당근) 씨앗을 뿌렸다. 만약 이번에도 당근 농사가 망하면…… 나는 당근과는 영원히 절연할 계획이다. 그러니 어느 날 마트에 갔다가 흙이 묻은 짬푸슈트를 입고 당근 코너 앞에서 부들부들 떨고 있는 여자를 발견하면 부디 모르는 척 지나가 주시길 바란다.

이렇게 당근의 흉을 잔뜩 보고 나니 어쩐지 속이 다 시원하네. 노파심에 해두는 얘기지만, 어쩌면 이건 온전히 당근과 나만의 문제일 수도 있다. 나만 빼고 전국의 다른 도시농부들은 아주 손쉽게 당근을 키우고 있을지도 모른다. 그러니 초보 농부님들, 일단 도전해 보세요. 당근의 신이 당신 편일 수도 있잖아요?

오이

오이 농사 스코어는 당근의 그것보다 훨씬 처참하다. 그래도 평정심을 유지하기 쉬운 이유는 오이는 '원래 키우기 어려운 작물'이어서다. 다시 말하자면 누가 키워도 다 어렵다는 뜻이다. 검색창에 '오이 농사 실패'라고 치면 수도 없이 많은 실패담을 목격할 수 있어 무척 위안이 된다.

멀쩡한 오이를 키워내기 어려운 이유는 여러 가지가 있다. 우선 봄에 오이 모종을 너무 일찍 심어 냉해를 입는 경우. 오이는 추위를 많이 타는 작물이라 때를 잘 맞춰 심어야 하는데, 늦서리가 내리기 전에 오이 모종을 사다 심었다가 얼어 죽는 경우가 허다하니 심는 곳의 최저 기온을 수시로 체크해 준 다음 심는 것이 안전하다. 중부 지방 기준으로 보통 4월 말이 지나야 밤 기온이 오이 심기에 적당해진다.

이렇게 날을 받아(?) 심은 모종이 뿌리를 잘 내리

고 자라 덩굴손을 뻗기 시작하면 타고 올라갈 수 있게 지주대와 그물도 설치해 줘야 한다(참으로 손이 많이 가는 작물이다). 이때부터는 오이가 미친 듯이 많은 줄기를 뻗기 시작하는데, 어미 줄기와 아들 줄기를 구분해 순지르기도 해줘야 한다. 순지르기 방법 역시 인터넷에 검색하면 그림과 함께 잘 설명된 것들이 많이 나와 있다. 그렇지만 이론은 이론일 뿐. 얼기설기 엮인 내 오이 모종의 어디가 어미 줄기고 어디가 아들 줄기인지, 아무리 들여다봐도 구분하기 힘든 것이 현실이다. 그럴 때면 정말 그 그림을 그린 분과 영상 통화라도 하고 싶은 심정인데, 막상 남의 밭에 가면 그분도 이 모종의 어디가 어딘지 십중팔구 구분 못하시리라 장담한다.

눈을 질끈 감고 대충 감으로 줄기를 구분해 순지르기를 해준 후 오이가 그물을 타고 잘 자란다 해도 아직은 성공이라고 말하기 힘들다. 노란 오이

꽃이 피고 지면서 아기 오이가 생긴다 싶어 기뻐할 찰나, 이를 비웃기라도 하듯 곧 말라 비틀어 죽어 버리는 일이 반복되기 때문이다. 그런가 하면 길쭉하게 잘 자라던 오이들도 갑자기 허리가 잘록해진다거나, 말발굽 모양으로 구부러져 오이의 끝과 끝이 만나는 등 기이한 형태를 띠게 된다. 그래도 먹는 덴 지장이 없다고 스스로를 달랜 후 적당한 크기가 될 때까지 기다리다 보면 갑자기 벌레가 꼬인다거나 끝이 노래져서 먹을 수 없게 되어버리는 일도 종종 생긴다. 이쯤 되면 날씨를 체크해 가며 오이 모종을 심었던 그날로 돌아가 나 자신에게 이렇게 얘기해 주고 싶다.

그냥 사 먹어.

어쩌면 '오이를 싫어하는 사람들의 모임(오싫모)'의 일부는 오이를 못 먹는 사람들이 아니라 오이 농사에 실패한 사람들이 아닐까? 자, 그럼에도 불구하고 '나는 오이가 너어무 좋다!' '나는 오이 농사를 꼭 지어봐야겠다.'는 초보 농부라면 아예 이렇게 결심하고 도전해 보는 것이 좋겠다. 망해도 나만 망하는 게 아니라 다 같이 망한다고 생각하면서 오이 농사를 지어보는 것이다. 종종 검색창에 '오이 농사 실패'도 쳐보고, 오싫모에 가입해서 회원들과 함께 오이 흉도 보다 보면, 망해가는 오이 농사로 한껏 위축된 초보 농부의 마음에 큰 위안이 될 것이다.

벌레가 좋아하는 작물들

열무와 청경채, 래디시는 농사 난이도는 낮지만 벌레들의 공격에는 취약한 작물들이다. 특히 벌레들이 혈기왕성한 봄여름에 이런 작물들을 심는 건 거의 벌레 밥을 주기 위해 키우는 것이나 다름없다. 봄만 되면 나타나 특정 작물들을 초토화시키는 지옥의 사자는 이름하여 '톡톡이' 벌레. 마치 까만 깨처럼 생긴 이 녀석들은 잎과 잎 사이

를 톡톡 튀어 다니면서 초록 잎들을 마구잡이로 먹어 치운다. 톡톡이들이 가장 좋아하는 건 열무 잎인데, 톡톡이의 공격을 받은 열무잎은 구멍이 나다 못해 거의 너덜너덜해질 정도다. 농사 첫해에 내가 심은 청경채, 열무와 래디시의 잎은 어떤 기세 좋은 톡톡이 군단에 의해 가루가 되어 버렸고, 직접 키운 열무로 김치를 담아보겠다는 꿈도 함께 가루가 되어 버렸다.

이들은 너무 작고 빠른 데다가 대규모 그룹으로 출현하기 때문에 약을 치지 않는 이상 몰살시키는 것은 거의 불가능에 가깝다. 그렇다고 내가 먹을 채소를 키우는 주말농장에 농약을 칠 수는 없는 노릇이니, 만약 톡톡이 군단이 당신의 밭에 나타났다면 그냥 체념하라. 그리고 순순히 그들에게 잎을 내주어라. 물론 알고 있다. 어떻게든 살려서 먹어보고 싶은 그 마음을. 하지만 톡톡이에 의해 초토화된 열무나 청경채 잎은 사람이 먹을 것이 못 된다. 유기농이란 벌레가 반, 내가 반 먹는다고 생각해야 하는 농사법이 맞지만, 그렇다고 농작물 반, 톡톡이 반을 섭취하고 싶진 않다! 그렇다면 갈기갈기 찢어진 열무김치의 꿈은 언제 이룰 수 있단 말인가? 해답은 가을이다. 다행히 이 톡톡이란 놈들은 봄여름에 기승을 부리다 가을부터는 조금 잠잠해지기 시작하기 때문이다. 열무와 청경채, 래디시는 연중 재배가 가능하기 때문에 이렇게 여름이 지나고 파종하면 톡톡이 피해 없이 짱짱한 잎과 열매를 튼튼하게 키워낼 수 있다.

햇수로 3년 남짓 농사를 지어보니 농사는 농부와 자연의 합작이라는 생각이 든다. 농작물은 농부의 발자국 소리를 듣고 자란다고 하지만, 농사의 대부분은 이렇게 농부의 의지만으로는 어떻게 할 수 없는 자연의 뜻에 따라 흘러가게 되니

말이다. 작물이 자라고 죽어 다시 흙이 되는 것이 자연의 섭리라는 사실을 받아들이고 그저 최선을 다해 보살펴 주는 것이야말로 농부의 미덕이자 운명이 아닐까? 그러니 식물살인마들이여, 두려워하거나 주눅 들지 말고 오늘의 작물에게 마음껏 정을 주길. 생명을 다한 작물들도 온 마음을 다해 보살핀 당신의 마음을 기억할지도 모른다.

| 농사 초보 권장 작물 |

난이도 '하' 농사 초보에게
희망을 주는 채소들

〈농사 초보 비권장 작물〉 원고를 받아본 우리 편집자님은 내가 묻지도 않았는데 "식물살인마? 바로 접니다!"라는 고백을 원고 피드백에 남기셨다. 그러고 보니 편집자님의 SNS에서 바질씨를 화분에 심었는데 그중 어느 하나도 새싹이 돋지 않았다는 피드를 본 것 같다. 내가 어떤 씨앗을 물에 불려 발아시킨 후 밭에 심었다는 피드를 올렸더니 "저는 씨를 발아시켜서 심지 않아서 망했었나 봐요."라고 말씀하시길래 바질 같은 건 발아시키지 않고 직파해도 알아서 잘 자란다고 알려 드리려다가, 차마 그 말을 내뱉지 못한 채 목구멍 아래 깊숙한 곳으로 밀어 넣었던 적이 있다.

아닌 게 아니라 식물살인마 리서치를 진행하는 동안 놀랍게도 굉장히 많은 사람이 스스로를 식물살인마로 간주하고 있다는 사실을 알게 되었다. 또한 이들에게서 발견한 공통적인 특징이 하나 있는데, 식물 이야기가 나오면 누가 뭐라 하기도 전에 '내가 바로 식물살인마'라고 황급히 실토해 버린다는 점이다(이때 한결같이 다들 미간을 찌푸려 팔자 눈썹을 만들면서 얘기한다). 마치 자수하면 조금이라도 감형될 수 있을 거라 기대하는 범죄자처럼, "그러려고 그런 건 아닌데, 어쩌다 보니 그렇게 되어 버렸어요."라고 변론한다.

이쯤 되면 식물살인마로 낙인이 찍혀 한껏 움츠러든 이들에게 식물이나 작물을 키워보라고 강권하는 건 거의 폭력에 가까운 수준이다. 뭔가를 죽여본 적이 없어 해맑은 자의식으로 충만한 식물금손들이 "당신도 할 수 있어요! 바질 같은 건 당신도 할 수 있어요! 바질 같은 건 씨를 땅에 떨어뜨리기만 해도 난답니다!" 하고 말해봐야 소용없는 것이다. 이럴 때 식물금손이지만 동시에 공감 능력 1위인 INFJ인 나는 이런 처방을 내린다. **네 마음을 십분 이해한다**며 그들의 주눅 든 자아를 보듬어 준 뒤 **이런 작물은 식물살인마가 키워도 평타는 치니 키워보는 것이 어떠냐.**며 몇 가지 키우기 쉬운 작물 옵션을 제시하기, 그리고 **어차피 식물살인마라고 법적으로 처벌받진 않으니 안심하고 죽여라**고 면죄부를 부여하는 스킬이다. 그리고 말미에 **거듭 말하지만 농사는 농부와 자연의 합작으로, 식물이 죽어 나가는 건 반쯤은 자연 탓도 있다**는 점을 강조하면 십중팔구는 고개를 끄덕이며 '그럼 한번 심어볼까?' 하고 순순히 넘어온다.

이렇게 어르고 달래서 밭으로 이끌어 낸 식물살인마들에게는 난이도 하 중에도 **최하**에 속하는 방울토마토, 깻잎, 상추, 부추, 대파 등을 추천한다. 이 친구들은 별다른 테크닉 없이 키워도 잘 자라기 때문에 주말농장에서 초보 농부들에게 가장 많이 추천하는 작물들이기도 하다. 특히 상추나 부추, 깻잎처럼 파종 후 수확까지 긴 시간이 필요하지 않은 작물들은 초보 농부들에게 크나큰 성취감과 자신감을 안겨주는 기특한 녀석들이니 꼭 심어보도록.

방울토마토

방울토마토는 생명력이 아주 강한 녀석이다. 모종을 심든 씨앗을 직파하든 발아율도 높고 악천후에도 꿋꿋하게 잘 살아남는 종류다. 그리고 성장 속도도 엄청나서 꼭대기의 생장점을 잘라주지 않으면 2미터가 넘도록 큰다. 방울토마토는 본줄기와 가지 사이에 곁가지가 무수하게 자라서 열매로 가야 하는 양분을 분산시키기 때문에, 곁가지가 날 때마다 자주 따주면 좋다. 이 곁가지를 버리지 않고 땅에다 다시 심으면 아주 높은 확률로 뿌리가 안정적으로 활착해 살아남는다. 방울토마토 1주를 공짜로 더 얻게 되는 셈이다.

잘 자라 화방에 열매가 줄줄이 달리기 시작하면 초록부터 노랑, 주황, 빨간색으로 그라데이션 되면서 익어가는 방울토마토의 아름다운 색을 감상할 수 있다. 이때 꼭 한번 방울토마토 잎을 손으로 문질러 코끝에 대보길. 마트에서 사다 먹었던 방울토마토에서는 맡아본 적 없는 자연 그대로의 방울토마토의 냄새가 향긋하게 퍼진다.

깻잎

나는 깻잎의 강렬한 향과 고양이 혓바닥 같은 까끌까끌한 촉감을 좋아하지 않아서 깻잎을 심지는 않는다. 그런데 농사 첫해에 깻잎과 관련된 아주 놀라운 경험을 한 이후 '깻잎이란 대단하고도 지독한 녀석이구나!' 하는 걸 느낄 수 있었다. 무슨 일이었냐면, 분명 깻잎을 심지 않았는데 깻잎이 내 밭에서 뻔뻔하게 자라고 있었던 사건이다. 어느 날 감자가 자라고 있는 구역에서 삐죽

올라오기 시작한 모종이 있어 유심히 지켜보았더니 언젠가부터 진한 깻잎의 향을 풍기기 시작했고, 아주 빠른 속도로 성장해 급기야는 그 구역에서 가장 큰 대왕 깻잎 나무가 되어 나를 아연실색하게 만든 것이다. 아마 다른 밭에서 심은 깻잎 씨앗이 빗물이나 바람을 타고 유실되어 내 밭으로 흘러 들어와 뿌리를 내린 모양이다. 많은 사람이 이용하는 주말농장에서는 종종 일어나는 일이라고 하는데, 여튼, 매주 퐁실퐁실 자란 새 깻잎을 딸 때마다 이 친구의 경이로운 생명력에 감탄하곤 했다. 해준 거라곤 물 주기뿐인데도 매주 왕성하게 잎을 만들어 내다니, 정말 지독한 깻잎이다.

상추

서울시에서 운영하는 주말농장에서는 농장이 개장하는 날 농부들에게 모종 몇 가지와 씨앗을 증정한다. 대부분 초보 농부들이기 때문에 난이도 최하의 모종을 주는데, 그중에서도 상추 모종을 가장 많이 준다. 상추는 4월 말쯤 늦서리만 피해서 잘 심으면 빠른 속도로 자라 금세 잎을 따 먹을 수 있어서 초보 농부들(그리고 식물살인마들)의 기를 세워주고 키우는 재미를 선사하는 기특한 녀석이다. 그런데 너무 잘 자라기 때문에 매주 엄청난 양의 상추를 뜯고 또 뜯어 먹어야 한다는 것이 문제다. 상추 모종을 주는 대로 다 심으면 나중에 덮고 자도 될 만큼 많은 양을 처치해야 하는 지경에 이르게 되니 가족의 평균 상추 섭취량을 잘 고려해서 심는 것이 좋다.

부추

부추도 심기만 하면 자라는 대표적인 작물이다. 정말 물 주는 것 외에 해줄 것이 없다. 부추를 죽이는 사람이 있다면 그 혹은 그녀를 공식적인 식물살인마로 인정해야 한다. 그리고 나는 그 혹은 그녀에게 더 이상 뭘 키워보라고 권하지 않을 것이다.

부추를 좋아하는 사람이라면 부추 모종을 여러 개 심고 1주에 일부 모종만 수확하는 식으로 돌아가면서 수확하는 것이 좋다. 그러니까 1~4번까지의 부추 모종을 한꺼번에 수확하면 다시 자라는 데까지 시간이 걸리니, 1번, 2번, 3번, 4번 차례로 돌아가면서 수확해 매주 부추를 수확할 수 있게 하는 방법이다. 부추 소비량이 많은 집이라면 한 번에 수확해 먹는 양을 고려해 모종을 구입하는 것이 좋겠다.

옥수수

우리 농부들은 초당옥수수를 특히 좋아해서 매년 여름 씨앗을 사다 심는다. 옥수수 역시 딱히 해줄 것이 없고 물만 가끔 주면 어느새 내 키를

훌쩍 넘어 커 있을 정도로 잘 자란다.

옥수수의 씨앗은 강냉이처럼 크고 동그랗다. 씨앗도 열매만큼 단 것인지, 옥수수씨를 심어놓은 곳은 새가 기가 막히게 알아차리고 파먹는다. 그래서 옥수수씨를 심을 때는 한 구멍에 세 개씩 넣는다. 발아율을 고려해서 넉넉히 두 개, 그리고 나머지 하나는 새 친구에게 선물하는 용도로. 어느새 쑥쑥 자라서 수염이 까매지고 알이 차오르면 수확할 시기가 왔다는 뜻이다. 옥수수는 수확 후 24시간이 지나면 단맛이 확 떨어진다고 하니 수확한 날 바로 쪄먹는 게 좋다. 옥수수 한 대에서는 보통 단 한 개의 옥수수만이 자란다는 사실을 농사지으면서 처음 알았다. 그만큼 소중한 옥수수다.

대파

사실 대파는 집에서 먹다 남은 파 밑동을 대충

잘라 수경 재배해도 위로 끝없이 자라기 때문에 농장까지 갈 필요도 없다. 부추와 마찬가지로 대파를 죽이는 사람이 있다면 그 혹은 그녀에게 더 이상 뭘 키워보라고 권하지 않는 것이 좋겠다. 그게 그 사람을 위해서도, 애꿎은 대파를 위해서도 옳은 결정이다.

고구마

고구마 역시 4월 말 늦서리만 잘 피해서 모종을 심으면 수확할 때까지 별로 해줄 것이 없는 작물이다. 심은 직후 활착할 때까지는 조금 시들시들해 보여 애간장을 태우지만, 땅에 뿌리만 잘 내리면 곧 위로는 싱싱한 잎을, 땅 아래로는 둥글고 길쭉길쭉 알차게 여문 고구마가 주렁주렁 열린다. 장마가 너무 길어져 잔뿌리만 만들어 내지 않는다면 10월까지 진득하게 기다렸다가 수확하는 것이 좋다. 그럼 일정하게 잘 여문 맛있는 고구마를 다량 수확할 수 있다.

고구마가 자라는 동안 고구마 순을 따줘야 한다, 별 상관없다 하는 의견이 분분한데, 그동안의 경험으로 봐선 따주든 안 따주든 별 상관없는 것 같다. 고구마순 무침을 좋아하는 집이라면 주기적으로 고구마 순을 따서 요리해 먹으면 좋을 듯하다.

과연 식물살인마들은 이 작물들을 잘 키워낼 수 있을까? 이렇게 여러 가지 난이도 최하의 작물들을 추천하고 나니 실로 궁금해지는 부분이다. 혹시라도 이 책을 보고 용기를 내 농사에 입문하여 저 중 그 무엇 하나라도 살려낸 초보 농부(과거에 식물살인마였던)가 있다면 꼭 사연을 보내주시길. 아마 그때까지도 여전히 식물살인마의 삶을 살고 계실 우리 편집자님과 함께 읽어볼 계획이니까. 반대로 이 책을 보고 용기를 내 농사에 입문했지만 저런 난이도 최하의 작물조차 살려내지 못한, 내추럴 본Natural Born 식물살인마들은 앞서 했던 조언을 기억해 내길 바란다. 작물이 죽어 버린 건 온전히 당신 탓이 아니라, 자연의 과실도 50퍼센트쯤 된다는 걸. 그러하므로 식물살인마여, 이 도시농부는 당신의 죄를 사합니다.

| 과일 농사의 꿈 |

메롱이와 메룽이가
되찾아 준 설렘

농사 2년 차로 말할 것 같으면, 온갖 삽질로 점철된 농사 첫해의 쭈글쭈글한 초보 티를 벗고 자신감이 하늘을 찌르기 시작할 때라고 할 수 있겠다. 이 구역의 돌아가는 사정도 어느 정도 눈에 보이고, 이젠 주변을 둘러보며 밭일을 할 수 있을 정도로 마음에는 여유가 넘친다. 허둥지둥하고 있는 초보 농부들을 물끄러미 바라보며 속으로 '아……. 저렇게 하는 게 아닌데, 안타깝구먼. 껄껄!' 하며 능숙해진 가지치기 실력을 보란 듯이 뽐내는 등, 정말 못 봐줄 거만함으로 가득한 시기다.

이때부터는 부동산 욕심도 생기기 시작한다. 남의 밭고랑에 피해를 주기 때문에 금지된 작물도 원 없이 심어보고 싶고, 마늘이나 딸기처럼 월동하는 작물도 키워보고 싶다. 한 해 농사가 끝나는 11월이면 밭을 비워줘야 하는 소작농 신세가 이렇게 서러울 수가 없다. '부모님이 혹시 나 몰래 내 이름으로 사 두신 땅이 있는 건 아닐까.' 하는 근거 없는 추측도 해본다. 그러나 그런 걸 물어봤자 엄마한테 등 터지도록 맞는 일만 생긴다. 나 몰래 사 둔 땅이라니, 그런 게 있을 리가 만무하지.

농사 2년 차에 나타나는 또 다른 특징은 농사 욕심이 그득해진다는 것이다. 특히 1년 차에 작물을 잘 키워서 손맛을 좀 본 도시농부일수록 농욕은 심해진다. 뭘 키워도 다 잘될 것 같은 마음에 쓸데없이 실험정신이 투철해지고, 남들 다 심는 작물 말고 정말 특이한 작물을 키우고 싶은 야망에 눈빛마저 바뀌어 버린다. 나의 농사 2년 차 증후군은 **과일 농사** 욕심으로 발현되었다. 주말농장에서 키울 수 있는 웬만한 채소는 이제 대충 섭렵했으니 과일로 시선을 돌린 것이다. 그런데 과일 농사는 그 판이 더욱 커지는 일이어서 쉽게

접근할 수가 없다. 나무가 자라야 하니 땅도 더 넓어야 하고, 묘목을 심는다 해도 그해에 과실이 나질 않으니 앞으로 몇 년을 더 기다리며 애지중지 돌봐야 한다. 물론 전문 농가라면 채소와 과일을 키우는 농부님들의 수고에 어떻게 경중을 따질 수 있겠냐만, 개인이 텃밭에 소일거리로 키우기에는 과일 농사란 그야말로 다른 차원의 일인 것이다.

하지만 가만히 앉아서 체념하기엔 농사 2년 차의 야망은 너무도 컸다. 과일에 속한다면 뭐라도 키워보겠다는 열망으로 이리저리 찾아본 결과, 박과에 속하는 **애플 참외**를 발견하고 "유레카!"를 외쳤다. 애플 참외는 애호박이나 오이처럼 자라기 때문에 똑같은 방식으로 키워주면 그만인 데다 껍질이 얇고 일반 참외보다 더욱 달콤한 맛으로 이미 많은 도시농부들이 키우고 있는 과일이었다. 평소에 참외를 그다지 좋아한 건 아니었

지만 과일을 키워볼 수 있다는 점만으로도 나는 이미 애플 참외를 좋아하게 됐고, 스마트스토어에서 모종 2주를 주문해 정성껏 키우기 시작했다. 과일은 처음이라 노심초사했지만 웬걸. 오히려 애호박이나 오이보다 더 빠른 속도로 꽃을 피우고 열매를 맺더니 두 달 반이 지나자 진한 참외 향기를 뿜는, 번듯한 애플 참외로 성장했다. 다 자란 애플 참외가 주렁주렁 열린 네트를 볼 때마다 가슴이 벅차오르고 입이 귀에 걸릴 정도로 웃음이 터져 나왔다(당시를 회상하니 지금도 가슴이 뛴다).

제일 처음 수확한 애플 참외를 가지고 집에 돌아가던 길이 아직도 기억난다. 이 뿌듯함을 오래도록 느끼고 싶어 제일 예쁜 애플 참외 하나를 조수석에 태웠다. 강변북로가 막힐 때마다 보고 또 보고, 손으로 만져보고 하니 1시간 45분의 정체도 전혀 괴롭지 않았다. 조수석에 태우는 작물이 애플 참외가 처음은 아닌 데다가 키우는 법도 아주 새로운 것은 아니었지만, 애플 참외를 키운 경험은 사뭇 다른 감정으로 내 마음속에 남았다.

애플 참외의 성공적인 재배에 힘을 얻어 농사 3년 차인 지난해에는 메론 모종을 2주 구입해 정성스레 키웠다. 메론을 키운다는 말을 들은 지인들의 반응은 "텃밭에서 메론을 키울 수 있다고요?"였다. 그렇다! 메론도 애호박이나 오이, 애플 참외 같은 덩굴성 작물이기 때문에 똑같이 키워주면 된다. 모종 1주에서 보통 과실 한 개만이 열린다는 메론은 듣던 대로 토실토실한 열매 두 개를 만들어 냈고, 나는 이 아이들에게 **메롱이**와 **메룽이**라는 이름을 지어주었다. 그러나 여름철 들이닥친 기록적인 폭우로 메롱이와 메룽이는 테니스 공만 한 크기에서 더 이상의 성장을 멈추었다. 어쩔 수 없이 수확을 하고 맛본 메롱이와

메룽이의 맛은…… 오이의 맛과 다를 바 없었다. 그것도 되게 맛없는 오이. "메론, 누가 돈 주고 사 먹니? 난 키워 먹는데!" 하며 시건방진 소리를 나불거렸던 것 같은데, 빠른 태세 전환이 필요한 상황에 직면했다. 여러분, 메론은 돈 주고 사 먹는 과일이 맞는 것 같습니다.

애플 참외의 성공과 메론의 실패가 남긴 잔상은 '과일 농사는 꿈도 꾸지 말자'나 '메론은 키우기 어렵다'는 트라우마가 아니다. 그것은 오히려 내공은 없고 욕망만 가득한 농사 2년 차 도시농부가 잃어버렸던 설렘이었던 것 같다. 번듯한 채소를 키워 처음 수확한 날의 기쁨을 어느덧 잊고 있었던 도시농부에게, 애플 참외와 메론은 그때의 설렘을 기억하게 해준 고마운 존재다.

과일 농사에 대한 야망으로 여전히 가슴이 뜨거운 도시농부 4년 차. 배나무 한 그루, 감나무 한 그루 키울 날은 여전히 요원해 보이지만 글쎄, 간절히 바라면 언젠가 그런 날도 오겠지. 그때까지 잊지 말아야 할 것은 초보 농부의 설렘. 행여 여리디여린 상추 모종이 찢어질까 손을 벌벌 떨었던 농사 첫날의 두근거림을 되새기며 텃밭 농사 4주년을 기념하는 2023년의 봄이다.

| 성찰의 농사 |

텃밭에서 세상의 이치를 깨닫습니다

농사를 짓다 보면 이따금씩 무릎을 탁, 치게 만드는 깨달음의 순간들이 찾아온다. 어른들이 늘 하시던 말씀, 옛 현인이 남긴 격언, 오랫동안 전해져 온 관용적 표현이나 과학적 상식까지 그 분야도 다양하다.

하물며 마트의 채소값이 왜 그렇게 비쌌는지(직접 키워보니 노동과 정성 대비 결코 비싼 게 아니었다는 게 팩트), 농약을 치지 않고 채소를 키워 판매한다는 게 얼마나 어렵고 힘들고 고독한 일일는지(오히려 대량생산 농가에서 농약을 칠 수밖에 없는 사정도 십분 이해하게 됐다), 우리가 사 먹는 애호박은 왜 천편일률적인 사이즈인지(아기 열매일 때부터 포장지에 넣어 키우기 때문에 딱 포장지 사이즈만큼 자란다), 실질적이고 잡다한 세상의 이런저런 이치들을 도시농부가 되고 나서 종종 깨닫게 된다.

'자식 농사'라는 말

기온이 점점 올라가는 계절에는 농장에 갈 때마다 작물이 쑥쑥 자라 있어 신기하고 놀랍고 또 코끝이 찡하도록 많은 생각이 든다. 별로 해준 것도 없는데 이토록 잘 자라주는 것이 기특하고, 비바람이 몰아치거나 병충해를 입어 말라 죽어가는 작물들을 보면 애가 타서 발을 동동 구르기도 한다. 기록적인 장마로 물 마를 새가 없었던 어느 해 여름에는 사무실 창밖으로 퍼붓는 빗줄기를 보며 작물들이 무사할까, 행여 비바람에 쓰러지지나 않았을까, 하는 걱정에 엉덩이를 들썩들썩하며 제대로 앉아 있지도 못했다. 물론 해가 쨍쨍해도 걱정이다. 혹서기에는 햇빛이 너무 강렬해 작물들이 타 죽을 수도 있고 낮과 밤의 기온 차가 심하면 생기는 **열과 현상**으로 과실이 터지고 갈라질 수도 있기 때문이다. 이래도 걱정, 저래도 걱정하는 꼴이 마치 우산 장수와 부채 장

수 아들을 둔 전래동화 속 어머니와 다를 바 없는 것 같아 실없이 웃기도 했다. 그러다 불현듯 '자식 농사'라는 말이 떠올랐다. 자식 키우는 일을 농사로 비유한 옛말이 너무나도 적확해서 농사를 짓다 그걸 깨우친 스스로에게 감탄해 버린 것이다. 그뿐이랴. 밭에 가면 나도 모르게 "내 새끼들"이라는 말이 입 밖으로 나오는데 그럴 때면 '역시 옛말 틀린 거 하나 없네.'라는 생각이 들어서 괜스레 마음 한구석이 찡해오기도 했다.

만고의 진리를 깨우친 듯한 나 자신이 자랑스러워 자식을 둘이나 키우는(지금은 하나 더 늘어 셋) 동료 기자에게 "이래서 어른들이 자식 농사라고 하나 보다." 하고 말했는데 그거 그냥 옛날 사람 감성이라고 초 치는 바람에 농심, 여심, 동심 모두 다 파괴됐다. 직접 농사를 지어보면 무슨 말인지 알 수 있을 텐데…… 쩝. 어쨌든 자식이 셋인 사람도 공감을 못 하는 이 옛말을 미혼인 내

가 깨닫다니, 농사 덕분에 나 자신이 조금 더 어른스러워진 것 같아 어깨가 다 으쓱해진다.

24절기

농사를 지으면서 깨달은 사실이 또 하나 있다면 절기가 소름 끼치도록 과학적이라는 점이다. 생일 즈음이 입춘인데 그때부터는 어디서든 봄의 기운이 귀신같이 나타난다. 겨우내 성장을 멈췄던 것 같은 거실의 화분에서 새순이 돋는가 하면 출퇴근길 올림픽대로의 개나리들도 움이 돋는 게 눈에 보일 정도다. 그런 걸 보면 나도 모르게 입에서 "이제 봄인가봉가~." 하는 철 지난 유행어가 절로 나온다. 동생이 그 유행어의 장본인인 윤후가 당시 초등학생이었는데 이젠 고등학생이 됐다며, 어디 가서 입 밖에 꺼내면 시간 여행자 취급받는다고 하지 말라고 했지만.

태양의 황도상 위치에 따라 계절적 구분을 하기

위해 만든 것이라는 24절기의 변화는 농사를 지으면서 더 피부에 와 닿게 되었다. 예를 들면 주말농장이 시작되는 4월 첫째 주는 정말 봄 농사를 준비한다는 청명淸明에 맞춰졌다. 밭을 갈아 모양을 다잡고 씨앗이나 모종을 심으면서 어서 새싹이 돋길 기대하는 시기다. 여름의 시작이라는 입하立夏가 지나면 정말 본격적인 농사가 시작되고 작물들이 무럭무럭 자라기 시작한다. 무더위가 절정에 이르는 대서大暑를 지나 가을의 문턱에 들어서는 입추立秋가 지나면 한껏 기승을 부리던 대지의 열기도 어느새 서서히 식어간다. 서리가 내리면 작물들이 얼어 죽기 때문에 첫서리가 내린다는 상강霜降의 날짜를 확인하고 그 전에 작물을 수확하는 것도 농부가 해야 할 일이다.

이 글을 쓰고 있는 지금은 올해 농사가 시작되는 청명을 한 달쯤 앞두고 있는 시점이다. 지금부터는 도시농부가 준비해야 할 일이 아주 많다. 한 해 동안 어떤 작물을 얼만큼이나 심을지 정하고 그 계획에 맞춰 모종이나 씨앗을 구입하는 것도 지금 해야 할 일이다. 특히 올해는 밭 한 고랑에 전부 꽃씨를 뿌릴 계획이라 어떤 꽃을 심을지 이것저것 알아보느라 재미가 쏠쏠하다. 먹는 작물을 키우는 것도 신나지만 꽃밭을 가꿀 생각에 더욱 신이 나는 요즘이다. 게다가 올해에는 전에 키워보지 않았던 특수 작물에 도전해 볼 계획이라 씨앗 직구하는 방법도 알아보고 있고, 농사할 때 입을 작업복도 미리미리 구경하느라 아주 분주하다. 이런저런 준비를 하며 경칩과 춘분을 보내고 나면 곧 청명이 온다. 그런 의미에서 도시농부에게 한 해의 시작은 신정이나 구정이 아니라 청명에서부터 일지도 모르겠다.

소중한 벌

세상에는 참 별별 Day들이 다 있다. **누텔라의 날, 피자 파티의 날, 풍선껌의 날** 등등, 아주 독특하면서도 일견 실없어 보이는 기념일들이 1년 내내 가득해, 딱히 할 일이 없는 적적한 날 이런 걸 찾다 보면 시간이 잘도 지나간다. 5월 20일은 생태계에서 막중한 임무를 수행하고 있는 벌의 중요성을 알리기 위해 2017년 UN에서 제정한 **세계 꿀벌의 날**이다. 매년 5월 20일이 되면 멸종 위기에 처한 꿀벌을 보호하려는 활동과 관련 행사들이 전 세계에서 개최되는데, 환경운동에 관심이 많은 세계적인 배우 안젤리나 졸리는 세계 꿀벌의 날을 홍보하기 위해 내셔널지오그래픽과 함께 홍보물을 찍기도 했다. 며칠 동안 씻지 않고(화장품 냄새에 꿀벌들이 혼란스러워 할 수 있기 때문에) 온몸에 여왕벌 페로몬을 칠한 안젤리나 졸리에게 6만 마리의 벌들이 달려든 영상과 사진은 인터넷에서도 어렵지 않게 찾아볼 수 있다.

기아와 난민 등 지구 곳곳의 문제들을 알리고 다니느라 안 그래도 공사다망한 안젤리나 졸리가 며칠간 샤워도 못 해가면서 저렇게 세계 꿀벌의 날을 알리려는 이유는 간단하다. 전 세계 식량의 대부분을 차지하는 100대 농작물 중 70퍼센트 이상이 꿀벌의 수분으로 생산되는데, 급격한 기후변화와 무분별한 농약 사용으로 꿀벌들의 개체수가 급격히 줄어들고 있기 때문이다. 꿀벌이 사라지면 과실이 열매를 맺지 못해 인간이 먹을 수 있는 것들이 점점 사라지고, 뒤이어 식량위기가 닥치게 된다. 한마디로 이러다 우리 모두 굶어 죽게 생겼다는 말씀. **역시 꿀벌은 생태계에 중요한 역할을 한다**고 수업 시간에 아무리 배워봤자 소용없다. 아사 직전이 돼서야 인간은 '아, 그때 꿀벌한테 좀 더 잘해줄걸…….' 하고 후회하는 것이다.

하지만 농사를 지으면 꿀벌이 왜 이토록 생태계에 중요한지 두 눈으로 생생하게 목격하게 된다. 초여름이 되면 주말농장에서 흔히 키우는 방울토마토, 애호박, 오이, 가지 등에 드디어 꽃이 피어나고, 어디선가 꿀벌들이 나타나 농장으로 출퇴근하기 시작한다. 꿀벌이 암꽃과 수꽃 사이를 열심히 오가며 꽃가루를 골고루 섞어주면 수정이 이루어지고 곧 열매가 달리게 되는 것이다. 만약 이렇게 수정이 필요한 작물들을 가정집에서 키우는 경우에는 (벌이 없으니)붓으로 이 꽃 저 꽃의 꽃가루를 묻혀 인공수정을 해줘야 한다. 하지만 아무래도 자연에서 벌이 해주는 것보다는 완성도가 떨어져서 열매를 맺기 쉽지 않다. 이렇게 벌들이 왕성하게 활동할 때는 혹시라도 쏘일지 몰라 조금 무섭기도 하지만, 어느새 멀찍이 떨어져서 더 열심히 일해주길 응원하고 있는 나를 발견한다. 그런가 하면 비가 사정없이 퍼붓는 장마철이나 혹한기가 되면 나도 모르게 꿀벌들의 안위를 걱정하게 된다. 어디서 비는 잘 피하고 있는지, 겨우내 먹을 건 있는지, 동그랗고 통통한 엉덩이에 줄무늬 옷을 입은 그 귀엽고 바지런한 자연의 일꾼들이 떠올라 어쩐지 마음이 아련해진다.

모든 인류가 자기가 먹을 작물을 스스로 키워야 한다면 꿀벌의 소중함을 절실히 깨달을 텐데. 그러면 안젤리나 졸리가 며칠간이나 안 씻고 저렇게 고생할 필요도 없었을 것이다. 안젤리나 졸리처럼 영향력은 없지만 이 자리를 빌어 나도 한마디 하고 싶다. "평생 통조림만 먹으면서 살아가고 싶지 않다면 오늘부터라도 당장 꿀벌한테 잘 하세요!"라고.

이렇듯 밭에 서 있다 보면 종종 생각지도 못한 지점에서 생각지도 못한 것들을 성찰하게 된다.

불현듯 체득하게 되는 인생의 진리, 과학적 근거와 사실들은 도시농부의 연차만큼 차곡차곡 쌓여가고 있다. 그리고 어떠한 명제들은 너무나도 명징하게 머릿속에 남아 이렇게 두고두고 복기하게 된다.

| 도시의 농부들 |

우리 채소
예쁜 것 좀 보세요

아는 만큼 보인다라는 말을 실감할 때가 있다. 그저 친구 사이였을 땐 보이지 않았던 썸남의 귀여운 보조개라든지, 과거를 듣고 나서야 이해가 된 지인의 슬픈 내면이라든지, 축구 게임인 **위닝일레븐**이 왜 **텐**도 **트웰브**도 아니고, **일레븐**인지 하는 것들 말이다. 마치 인류의 역사가 기원전과 기원후로 나뉘는 것처럼, 우리의 인생도 **알기 전**의 그것과 **알고 난 후**의 그것으로 완전히 달라진다. 그리고 무엇에 대해서 온전히 알게 되면 우리의 인생은 결코 그 전으로 돌아갈 수 없다.

농사를 짓고 나서야 비로소 눈에 보이는 것들이 생겼다. 이를테면 도심 속에서 자라고 있는 채소 같은 것들이다. 단독주택들이 모여 있는 서울의 오래된 동네에 들르면 대문 앞에 화분을 줄줄이 내놓은 집들을 볼 수 있다. 지나가는 행인의 눈에는 어떠한 질서도 조형미도 없어 보이는 그냥 아무 화분일지 몰라도, 이 화분 디스플레이에는 집주인의 취향과 의도와 애정이 분명히 담겨 있다. 이런 동네를 산책할 때면 장소 불문 상상의 나래를 펼치는 것을 좋아하는 INFJ답게 뜸을 많이 들여 동네 구경을 하는 편이다. 집안을 들여다보기는 어려우니 보통 집 앞에 놓인 화분이나 담벼락 너머 심은 나무들의 종류, 건축물의 스타일 등으로 집주인의 라이프스타일과 취향에 대해 상상하곤 한다.

그런데 농사를 짓고 나서는 동네 구경할 때 뜸들이는 시간이 더욱 길어졌다. 전에는 그저 아무 화분이라고 생각하고 지나갔던 것들이 실은 고추나 방울토마토가 심어진 화분이었음을 인지하게 돼서다. 아무래도 과실이 주렁주렁 달리기 전에는 온통 초록 잎일 뿐이라, 농사를 지어본 사람이 아니라면 이게 일반 화초인지 채소 모종인지 알 수 없기 마련이다. 그런데 이제 농부가 되었다고 "어! 이건 고추네?" "어?? 이건 호박이네?" "어, 이건 무화과네?" 하고 잎 모양만 보고 화분의 주인공을 귀신같이 분간하는 경지에 이른 것이다. 분명 농사를 짓기 전에도 종종 오가던 동네가 이제는 내게 완전히 다른 세상이 되어 버렸다. 그야말로 눈앞에 신세계가 펼쳐진 셈이다. 이런 식으로 남의 채소 화분을 하나하나 들여다보며 **오! 어? 와**…… 등 외마디 탄성을 내뱉으며 동네를 구경하다 보면 골목을 1미터 지나가기도 힘들어진다. 그래도 어쩔 수 없다. 눈에 보이는 채소를 그냥 지나칠 수 없는 것이 도시농부의 운명이니까. 이렇게 채소를 알게 된 도시농부의 인생은 채소를 알기 이전으로 결코 돌아갈 수 없다.

나는 채소를 알기 전과 후로 나눠진 역사를 간단히 B.C(Before Chaeso)와 A.C(After Chaeso)로 명명

해 구분하기로 했다. 그리고 A.C의 시대에 들어 생긴 취미 중 하나인 **도심의 채소 관찰**을 토대로 도시의 농부들이 집 앞 화분에 가장 많이 심는 채소는 바로 **고추**라는 사실을 밝혀냈다. 정말 거의 모든 집에서 고추를 키우고 있다 해도 과언이 아닐 정도로 한국인들은 고추를 사랑한다. 몇 번 꽃을 피워보지 못하고 죽은 난초가 심어 있었으리라 짐작되는 고고한 도자기 화분에도, 너무 흔하고 흔해서 출시 이후 도대체 몇 개나 팔렸을까 궁금해지는 남색 플라스틱 화분에도, 김장에 쓰는 깊이는 얕고 폭은 넓은 벽돌색 고무 다라이에도 한국인은 모두 모두 고추 모종을 심어 키워 먹고 있다. 한국의 이런 어마어마한 고추 소비량에 소스라치게 놀랐지만, 한국인의 밥상에 고추라는 식재료가 얼마나 다양하게 쓰이는지를 생각하면 이내 고개를 끄덕이며 수긍하게 된다. 고추를 고추장에 찍어 먹는 한국인들을 보고 놀라는 외국인의 심정을 A.C의 시대를 살아가며 조금이나마 공감할 수 있게 되었다.

도시의 농부들이 고추 다음으로 많이 키우고 있는 채소는 호박이다. 애호박, 늙은 호박, 단호박 등 집주인의 입맛에 따라 종류도 다양하다. 가정집 담벼락을 따라 호박이 주렁주렁 열려 있는 모습은 종류를 불문하고 그야말로 장관이다. 덩굴성 작물의 특성상 담벼락이나 기둥을 타고 잘 자라기 때문에 마당이 있는 주택에서 많이들 키우는 것 같다. 호박 넝쿨은 그물에 올려 집어주거나 담벼락으로 잘 유인해야 하는데, 넝쿨을 정리하는 집주인의 방식도 제각각이라 그 시스템의 다양성과 개성에 감탄할 때가 많다.
이 넝쿨 정리를 잘 해주는 집일수록 호박에 대한 집주인의 애정과 긍지가 엿보인다. 삼각지 근처를 지나가다 우연히 발견한 어떤 집의 호박 디스

플레이는 이미 그 동네의 포토존으로 인기를 끌고 있었는데, 마침 2층 베란다에 나와 빨래를 널고 계시던 집주인께서 핸드폰으로 자기 집 호박 넝쿨을 찍고 있는 나를 뿌듯하게 내려다보고 계셨다. 한두 번 있는 일이 아니라는 듯 무심하게 빨래를 널면서도 어쩐지 표정만큼은 무심함을 숨길 수 없어 보였고, 급기야는 내게 "호박 예쁘죠?" 하고 호박 자랑을 하셨다. 그래, 저렇게 예쁘게 호박을 키워냈다면 모르는 사람한테도 자랑하고 싶을 만하지. 같이 호박을 키우는 도시농부의 입장에서 그 마음을 충분히 이해할 수 있을 것 같았다. 아마 내가 저 집주인이었다면 동네 전봇대 여기저기에 전단지를 붙여 "우리 호박 예쁜 것 좀 보세요!" 하고 자랑했을 것 같다.

도심의 채소 관찰을 통해 발견한 것은 어쩌면 채소 그 자체보다 그것을 키우는 **도시의 농부들**이었던 것 같다. 꼭 밭에 가지 않아도 농부들은 이미 도시 어디에나 있던 것이다. 농장에서처럼 정석대로 밭을 일굴 순 없지만, 도시의 농부들은 나름의 취향과 방식대로 집 앞 화분에 씨를 뿌려 미세먼지 가득한 도시에서도 살뜰히 채소를 키워내고 있다.

지척의 편의점에서조차 채소를 사 먹을 수 있는 시대에서 도시의 농부들이 꿋꿋이 집 앞 화분에 씨를 뿌리는 이유는 도대체 뭘까? 고추값을 아껴보기 위해서일까? 아니면 손수 키운 안전한 유기농 채소를 먹고 싶어서일까? 아마 각자의 사정과 이유가 있겠지만, 나는 삼각지에서 본 호박 주인장의 뿌듯한 표정에 그 물음에 대한 답이 있다고 생각한다. 먹기 위해 채소를 키우기보다는 그것을 키워내는 시간에 마음을 쏟고 싶은 것. 그리고 집 앞을 지나는 생면부지의 행인과도

그 시간을 공유하고 싶은 마음. 농사를 짓고 나서 비로소 눈에 보이는 것들은 바로 그런 마음과 마음들의 결실이다.

| 농한기 |

풋호박의
소리 없는 응원

한 해 농사는 가을 내내 무럭무럭 자란 배추와 무를 수확하면서 끝이 난다. 1년 동안 연을 맺었던 대자연의 무수한 존재들과의 석별을 받아들여야 하는 시간이다. 이제는 주말농장이 다시 문을 여는 4월까지 **농한기**라는 차갑고 어두운 터널을 지나가야 한다. 밭에 가지 않는 주말의 잉여 시간과 호미를 쥘 수 없는 오른손이 못내 허전해, "심심하니까 집에서 버섯이라도 키워야겠다."며 괜스레 객쩍은 농담을 서로에게 건넨다. 때로는 강남 한복판에 있는 사무실 근처에 모여 뜨거운 국밥을 후루룩 말아 먹고 "도대체 봄은 언제 오냐."고 투덜거리기도 한다. 도시농부에게 겨울이란 유독 지난한 계절이다.

어느새 2월. 사무치는 듯한 추위는 여전하지만 어쩐지 달라진 대기의 미세한 변화를 느낄 수 있다. 퇴근할 시간이 되어도 여전히 지지 않은 해, 뺨을 만지고 지나가는 공기의 부드러운 질감 등.

틀림없는 봄의 전령이다. 신호등이 바뀌길 기다리면서 '입춘'을 검색했더니 아니나 다를까. 다음 날이 입춘이었다. 절기에 대해서는 이미 본문에도 잔뜩 썼지만 그 절묘함에는 언제나 감탄하지 않을 수가 없다.

텃밭을 가꾸기 시작하고 나서 체득한 명징한 교훈 하나는 **인생에 있어 계획대로 되는 일은 그다지 많지 않다는 것**이다. 이 책도 지난 가을의 시작인 입추立秋쯤엔 마무리 작업에 들어가야 했는데 계획을 보기 좋게 빗나갔다. 인생이란 녀석은 나를 비웃듯, 이석증이라는 부비트랩을 설치해 두었던 것이다. 이석증은 달팽이관 속의 이석이라는 물질이 알 수 없는 이유로 제자리에서 빠져나와 어지러움을 느끼면서 몸의 균형 감각을 상실하는 병이다. 씨앗과 모종을 텃밭에 심고 들떴던 청명清明 즈음에 이르러 이석증이 발병했고, 그 후유증으로 내 몸이 내 맘대로 되지 않는 까닭에 애써 심어둔 씨앗이 어찌 자라고 있는지가 보지도 못한 채 여름의 시작이라는 입하立夏, 그리고 본격적인 농사의 시작이라는 소만小滿이 속절없이 지나갔다. 일상생활을 하기도 버거워 우울함과 무력감이 한없이 밀려왔다.

어지러움이 좀체 사라지지 않았던 봄과 여름에는 집 밖으로 한 발자국 내딛는 것조차 큰 용기가 필요했다. 몸을 많이 써야 하는 농사는 마음에 큰 짐이 되었고, 농사를 계속 이어갈지 말지 결단을 내려야 했다. 결국 그해 농사를 포기하기로 결심했지만 이상하게 마음의 짐은 조금도 가벼워지지 않았다. 그런데 마지막으로 밭을 정리하기 위해 오랜만에 텃밭에 방문한 날 너무나도 놀라운 광경을 목격했다. 아무것도 해주지 않아서 이미 다 죽었을 거라 생각했던 작물들이 스스로의 힘으로 잘 자라고 있었기 때문이다. 특히

처음으로 모종을 사다 심어본 풋호박의 성장은 믿을 수 없을 정도였다. 모종을 정식한 지 한 달여 만에 열매를 맺고 주먹만 한 과실을 네 개나 키워내고 있는 게 아닌가? 줄기를 솎아주지도, 넝쿨에 올려 예쁘게 정리해 주지도 못했고 하물며 물도 주지도 못했는데…… 자연의 도움만으로 쑥쑥 자라고 있는 풋호박이 기특해서 왈칵 눈물이 쏟아졌다. 마치 '모든 걸 다 해주지 않아도 돼. 우리는 알아서 잘 자라고 있을 테니 몸과 마음이 가뿐할 때 수확하러 와.' 하고 토닥거려 주는 것 같았다. 무겁고 쓰라린 마음을 어루만져 주고 **언젠가 괜찮아질 것**이란 희망을 준 것은 이곳저곳 찾아가 만난 명의의 소견도, 그가 조제해 준 비싼 약도 아닌, 풋호박의 소리 없는 응원이었다.

나는 결국 텃밭을 떠나지 않았다. 무리하지 않기

로 스스로와 약속하고 컨디션이 좋을 때마다 밭에 가서 그날 가능한 만큼의 정성을 쏟아 작물을 돌보았다. 물론 예년만큼 세심하게 작물을 돌보지는 못했기에 다소 시원찮게 자라는 작물도 있었지만, 그건 그것대로 자연의 섭리라고 여기며 놓아줄 줄도 알게 되었다. 찬 이슬이 내린다는 한로寒露가 지나자 어지러움도 많이 잦아들었고 얼음이 얼기 시작한다는 소설小雪쯤엔 어쩐지 예년보다 더 잘 자란 배추와 무를 수확하며 기쁘고 가벼운 마음으로 한 해 농사를 마칠 수 있었다. 그제야 길고 어두웠던 터널을 빠져나온 듯한 기분이 들었다. 결국, 인생의 농한기도 언젠가 지나가기 마련인가 보다.

며칠 전 또 한 번의 입춘이 지나갔다. 계획대로 되지 않았던 글쓰기의 마무리도 이제야 그 긴 터널의 끄트머리에 도달한 듯싶다. 첫 원고를 완성한 날도 작년 입춘 즈음이었으니 책 한 권을 쓰는 동안 24절기가 한 바퀴 지나간 셈이다. 엊그제는 올해 농사를 지을 새로운 텃밭을 구경하고 돌아왔다. 예기치 못한 계기로 삶의 터전을 옮긴 까닭에 올해부터는 정든 농장, 오랜 기간 함께 밭을 일구던 농부들과 떨어져야만 한다. 그렇지만 애잔한 마음과 설레는 마음, 그 어느 것이 더 하고 덜하다 말할 수는 없다. **안녕은 영원한 헤어짐은 아니겠지요**라는 노래 가사처럼 지금의 헤어짐이 곧 영원한 이별을 뜻하는 것이 아님을 우리는 모두 잘 알고 있다. 농장의 수많은 생명이 끝없이 피고 지듯, 그리고 차갑고 긴 터널을 지나면 다시 입춘이 돌아오듯.

에필로그 *

사랑하는 나의
텃밭 친구들에게

처음 텃밭에 갔던 날의 추억이 새록새록 떠오르네. 무릎까지 오는 긴 더플코트를 입은 나를 보고 혀를 끌끌 차시던 농장 사장님의 표정, 그곳에서 나눠 준 상추 모종을 들고 밭고랑 앞에 한참 동안 우두커니 서 있었던 것도 선명하게 기억이 나. 그리고 곁눈질로 배워 서툴게 심은 잎채소들이 서리를 맞고 죄다 죽어버려 좌절한 날도, 최소 단위라며 남은 대파 모종 200주를 홀라당 내게 팔아 버린 그 얄미운 종묘상 아저씨도 난 잊을 수가 없단다. 얼떨결에 떠안은 그 대파 모종 200주를 2시간 동안 쭈그리고 앉아 심었는데 그렇게 심는 게 아니라며 농장 사장님한테 핀잔도 꽤나 들었지. 그래도 대파야, 어떻게 심어도 넌 다 네 살 방법을 찾아가더라. 너희가 알아서 잘 자라준 덕분에 난 아이돌 출신 연예인이 파테크 열풍을 일으키기 전부터 이미 '파테크의 아이콘'으로 불릴 수 있었어.

그런가 하면, 아직 익지 않은 방울토마토를 무식하게 먹다가 독성인 솔라닌 성분 때문에 혀가 마비될 뻔한 일, 애지중지 키운 고구마 농사가 쫄딱 망해 속에서 천불이 나고 멀쩡하게 자란 당근이 한 개도 없어서 친구들에게 '이것은 산삼이냐.'며 놀림거리가 된 일도 바로 어제 일처럼 생생해. 나는 지금도 마트에 가면 고구마와 당근 코너 앞에서 어금니를 꽉 깨물고 너희 둘을 한참 동안 노려보곤 해. 매년 심기만 하면 망하는 너희들의 존재는 짧은 내 도시농부 경력의 유일한 오점일 거야.

그렇지만 언제나 무럭무럭 잘 자라서 많은 분에게 선물로 보내진 고추, 늦가을까지도 보랏빛 꽃을 피우고 열매를 맺는 기특한 가지, 놀라운 생명력으로 내게 용기와 희망을 준 애호박과 풋호박, 콩알만 한 씨앗을 심으면 어느새 내 키보다 훨씬 크게 자라 열매를 맺는 멋진 초당옥수수,

마치 꽃처럼 활짝 핀 모습으로 탄성을 자아내게 하는 아름다운 청경채와 시금치, 그리고 한 해 농사의 마무리를 더욱 뿌듯하게 해주는 배추와 무에게, 내가 진심으로 사랑하고 있다는 말을 전하고 싶어. 너희들이 자라는 모습을 관찰하고 교감하고 연대하면서, 나 역시 너희와 마찬가지로 이 대자연의 일부임을 비로소 깨닫게 되었고, 땅에서 태어나 땅으로 돌아가는 자연의 순환 속에 묵묵히 그 운명을 받아들이는 너희들을 언제나 경외하는 마음으로 바라보고 있단다.

텃밭의 이야기가 오로지 너희들만의 것은 아니지. 종종 텃밭에 들러 도시농부의 삶을 간접 체험했던 게스트 파머들, 수확한 채소를 포장해 선물로 건넬 때마다 마치 길을 걷다 5만 원짜리 지폐를 주운 사람처럼 활짝 웃던 친구들의 미소, 그 채소로 요리해 먹은 사진이 올라간 SNS 피드를 보고 흐뭇했던 나의 미소, 한 해 농사가 시작하는 날과 끝나는 날 어김없이 들리는 밭 근처 3천 5백 원짜리 국숫집 할머니의 푸짐한 인심과 온화한 얼굴, 무엇보다 텃밭에서 일어나는 모든 일을 함께 겪으며 같이 울고 웃고, 기뻐했던 우리 농부들까지가 모두 이 이야기의 주인공이야. 고작 몇 년간의 이야기를 추억하는 것만으로도 이렇게 흐뭇한데, 한번 상상해 봐. 4년, 5년, 그렇게 우리의 텃밭 이야기가 조금씩 더 쌓여간다면, 훗날 그 추억거리들을 꺼내보는 것만으로도 우리는 더없이 행복할 거라 믿어. 그래서 나는 올해도 여전히 텃밭에 머물기로 했어. 내가 말했던가? 올해 새롭게 다닐 텃밭은 배나무 농장을 함께해서, 농부들과 함께 배나무 한 그루를 분양받아 키워볼 예정이라고. 전에 다니던 농장 근처에 배나무밭이 있었는데, 4월 말이 되면 배꽃이 활짝 펴서 마치 구름밭을 걷는 듯 장관이었거든. 과일나무를 키워보고 싶었던 꿈도 어쩌다 보니 이렇게 이루어졌네. 이것 또한 텃밭에 다니지 않았다면 일어나지 않았을 인생의 작고 흐뭇한 사건이야.

가끔 '언제까지 도시농부의 삶을 이어갈 수 있을까?' 하고 궁금할 때도 있어. 어쩌면 전혀 예기치 못한 계기로 더 이상 텃밭에 가지 않는 날도 올 수 있겠지. 시작 또한 그랬듯 말이야. 그러나 인생에 한 번 스치고 지나간 사건으로 먼 훗날 기억하게 될지라도, 텃밭에서 만난 너희들과의 이야기를 이곳에 남길 수 있었던 것에 대해 나는 늘 감사할 거야.

텃밭의 친구들아, 정말 고마워. 앞으로도 우리 도시농부들을 잘 부탁해.

비가 내리고 싹이 튼다는 우수雨水에,
도시농부로부터

주말마다 하는 설레는 일이 있나요?
:일주일 중 닷새는 에디터로,
이틀은 농부로 사는 작가와
식물살인마 편집자가 나눈 이야기

제 원고를 제일 처음 읽은 독자 1호와 얘기를 나누게 됐네요. 1년여 남짓 되는 시간 동안 조금씩 조금씩 원고를 보냈는데, 원고를 읽는 동안 편집자님의 삶에도 어떤 영향이 있었는지 궁금해요.

작가님이 원고도 보내주셨지만, 계절마다 직접 키운 채소도 꽤 자주 보내주셨잖아요? 그 영향이 컸어요. 그러다 보니 마르쉐 같은 파머스 마켓에 가 보고 싶어지더라고요. 실제로 회사에서 가까운 곳에서 마르쉐가 열리기도 해서 장을 보러 가기도 했죠. 물론 전에도 파머스 마켓에 관심이 있긴 했지만, 앱으로 주문하면 새벽 배송이 오는 시대에 굳이 점심시간에 거기까지 가서 채소를 살 필요가 있나 싶었거든요. 그런데 이젠 유통을 거치지 않고 바로 시장에 나온 유기농 채소들, 그리고 그 채소를 키운 농부들이 어떤 분들인지 궁금해지더라고요. 그리고 채소 본연의 맛이 어떤지 호기심이 생기기도 해서, 요즘은 요리하기 전에 생으로 먹어보기도 해요.

저는 〈농사 초보 비권장 작물〉 원고를 보내고 난 뒤 받은 피드백이 인상적이었어요. 묻지도 않았는데 "제가 바로 '식물살인마'입니다." 하고 이실직고하셨을 때 말이죠. 바질씨를 심었는데 아무것도 나지 않았다고 하셨잖아요.

네네, 바질뿐만 아니라 그동안 집에 있는 식물들도 많이 죽였었기 때문에……. 아, 바질은 싹은 났는데(웃음) 이후에 더는 자라지 않고 다 죽더라고요(울상). 역시 식물살인마로 불리는 회사의 다른 동료와 같이 씨를 뿌렸는데 둘 다 같이 죽여 버렸죠.

저번에도 슬쩍 말씀드렸지만, 바질은 씨를 떨어

뜨리기만 해도 잘 자라는데, 참 신기하네요.

아, 그래서 얼마 전에 비교적 키우기 쉽다는 고사리랑 몬스테라를 집에 들였는데, 그거는 아직 안 죽였어요!

뭔가 칭찬해 드려야 할 타이밍 같네요. 식물살인마에서 식물금손으로 거듭나실 수 있길 진심으로 응원합니다(웃음). 원고에도 썼지만, 식물이 자라는 것은 반은 사람이, 반은 자연이 하는 일이니 잘 자라면 내 덕, 안되면 자연 탓을 합시다. 저는 올해 농사 시작하기 전에 직접 몇 가지 채소의 모종을 직접 키워서 얼마 전에 밭에 옮겨 심었는데요, 날씨가 갑자기 추워져서인지 모종 26개가 다 흔적도 없이 죽어 버렸더라고요. 씨앗 발아부터 시작해서 식물용 조명까지 구입해 두 달간 금이야 옥이야 키웠는데 말이죠. 일주일

만에 다 죽어 버렸어요. 허허.

오, 4년 차 도시농부도 작물을 죽여 버리는 일이 생기는군요. 조금이나마 위안이 되네요.

아무래도 전문가들이 육묘장에서 키운 것과 아마추어 농부가 아파트 안에서 키운 것에는 차이가 있을 수밖에 없겠죠. 우리 모두 너무 자책하지 말자고요. 그리고 어쩌면 텃밭 농사는 또 다를 수도 있어요. 요리를 좋아하시니까 텃밭 가꾸기는 오히려 잘하실 것 같아요.

맞아요. 요리하는 걸 좋아해서 로즈메리나 바질 같은 허브 종류를 키우려고 했던 건데, 잘된 적이 없었어요. 휴…….

혹시 이 책을 편집하시는 동안 주변에서 도시농

부가 되고 싶다는 사람들을 만난 적이 있나요?

'도시농부'를 주제로 책이 곧 나온다고 하니까 도시농부를 꿈꾸던 지인들이 하나둘씩 "어 나도 해보고 싶었어!" 하고 숨겨왔던 욕망을 드러내더라고요. 그래서인지 주말농장 신청 기간도 이미 다들 알고 있던데요? 정보는 다 수집해 놨는데 막상 행동으로 옮기는 게 쉽지 않나 봐요. 결국 '이걸 내가 할 수 있을까?' '주말마다 갈 자신이 있을까?' 하고 고민하는 거죠.

저도 밭에 가기 전까지 고민을 많이 했으니까 그 마음을 십분 이해할 수 있어요. 특별한 계기가 생기지 않고서 실행에 옮기기 쉽지 않죠. 그런데 이제 와서 할 수 있는 말이지만, 저는 이런 질문을 던져보고 싶어요. "주말마다 늘 하는 다른 일정이 있나요?"라고요. 사실 생각해 보면 딱히 뭘

하지 않고 그냥 흘려보내서 아까운 주말도 많잖아요? 매주 가면 좋지만 매주 안 간다고 해서 작물이 다 죽어 버리는 건 아니니까, 그냥 흘려보낼 수도 있는 주말을 이용해서 텃밭 농사를 한번 시작해 보는 건 어떨까요? 아, 제가 어느새 영업을 하고 있네요(웃음).

그렇긴 하죠(웃음). 아, 그리고 농부라는 직업이 '근면 성실'의 상징으로 여겨져서 주저하는 것 같기도 해요. 농부님들이야말로 새벽부터 저녁까지 열심히 일하는 분들이잖아요. 나도 그만큼 정성을 들여야 가능한 일이 아닌가 싶으니 느슨하게 생각을 못 하는 거죠.

그 말도 일리가 있네요. 하지만 우리는 전직 농부가 아니잖아요? 부캐가 좋은 게 뭐겠어요. 이걸로 돈을 벌지 않아도 좋고, 하다가 그만두고 싶으면 안 해도 좋고, 그런 거 아니겠어요? 물론 작물에게도 생명이 있으니 '돌보지 않으면 죄책감이 엄청날 거야!'라고 생각할 수 있지만, 다른 취미는 뭐 다른가요? 피아노 학원을 다니든, 수영을 배우든, 뭐든 하다가 그만두면 죄책감이 들잖아요. 그건 모든 취미에 해당되는 공통점인 것 같아요.

그런……가요? 그렇다면 작물을 잘 키우기 위해 필요한 재능은 무엇일까요?

이것 역시 모든 취미 생활을 잘하기 위한 공통점인 것 같은데, 필요한 건 역시 흥미와 관심이겠죠. 수영도 비건 베이킹도 피아노도 그걸 할 때 얼마나 신나고 설레는지에 비례하는 것 같아요.

맞아요. 저는 토요일 아침 10시에 요리 수업을

듣고 있는데요. 그냥 그곳에 있는 그 시간이 너무 좋아요. 주말 아침 일찍 뭘 배운다니까 사람들이 "아니 주말 아침에 늦잠을 자야지, 일찍 일어나서 수업을 듣는다고?" 하면서 놀라는데, 저는 그게 하나도 괴롭지 않았어요. 내가 좋아서 가는 거니까요.

역시 일 빼고 다 재밌나 봅니다(웃음). 오히려 주말마다 농장에 가는 것보다 주말 아침 10시에 수업을 들으러 가는 편집자님이 더 대단해 보여요. 그런 프로 '딴따니스트'로서 원고를 보다가 공감하게 된 순간도 있었나요?

네, 농한기에 대한 원고와 채소들에게 편지를 쓴 에필로그 원고를 읽었을 때였어요. 몸이 안 좋아서 농사를 포기하기로 결심하고 밭에 갔는데 풋호박들이 알아서 잘 자라주고 있어서 오히려 위로를 받았다고 하셨잖아요? 그 얘기가 꼭 농사라는 취미가 주는 위로가 아니라, 일 외에 다른 것이 주는 커다란 위로처럼 느껴져서 원고를 읽고 저도 울컥했어요. 어찌 보면 그게 바로 딴딴 시리즈에서 하고 싶은 이야기일 수도 있는데, 그런 순간들을 위해 일 외에 붙잡고 있는 것들이 우리 인생에 꼭 필요하다고 여겨졌어요. 만약 작가님과 같은 상황이 우리에게 닥쳤을 때 일에서 그런 위로를 받기는 어렵잖아요. 대부분 일로 인한 스트레스로 몸과 마음이 아프게 되니까. 그럴 때 일 외에 꾸준히 해오던 어떤 것이 결국 내 인생에 위로가 되어주는 게 아닐까요?

그게 바로 우리에게 취미 이상의 '딴딴'한 무언가가 필요한 이유네요. 그래서 하는 말인데, 저는 도시농부다 보니 종종 "귀농(혹은 귀촌)할 거야?"라는 질문을 많이 받는데요, 오늘 공식적으

로 발표합니다. 저 귀농 안 합니다(웃음). 뭐, 지금으로서는 그런 마음입니다. 물론 인생에 계획대로 되는 건 없다고 본문에 떡 하니 써두었으니 훗날 전업 농부가 되어 버리기라도 한다면 무척 민망할 것 같긴 하지만요.

공식 발표를 할 정도로 귀농을 완강하게 거부하시는 이유는 무엇 때문인가요?

제가 귀농할 생각이 없는 이유는 아주 명확해요. 방금 우리가 나눈 이야기와 이어지는데요, 텃밭 농사가 좋은 건 그게 제 본업이 아니기 때문이에요. 그래서 도시농부가 아니라 정말 농부가 되어 농사를 '일'로 하게 된다면 저는 더는 밭에서 위로를 받을 수 없을 것 같아요. 그동안 밭에서 느꼈던 그 따뜻함과 설레는 마음을 앞으로도 딱 '그 정도'로 유지하고 싶고요. 그러기 위해서 저는 언제까지나 도시농부로 남고 싶어요.

06
도시농부: 주중엔 매거진 에디터, 주말엔 텃밭 농부

초판 1쇄 인쇄 2023년 6월 28일
초판 1쇄 발행 2023년 7월 5일

지은이 천혜빈
펴낸이 김종길 **펴낸 곳** 글담출판사 **브랜드** 인디고

기획편집 이은지·이경숙·김보라·김윤아 **영업** 성홍진
디자인 손소정 **마케팅** 김민지 **관리** 김예솔

출판등록 1998년 12월 30일 제2013-000314호
주소 (04029) 서울시 마포구 월드컵로8길 41 (서교동 483-9)
전화 (02) 998-7030 **팩스** (02) 998-7924
페이스북 www.facebook.com/geuldam4u **인스타그램** geuldam
블로그 http://blog.naver.com/geuldam4u

ISBN 979-11-5935-142-6 (04810)
* 책값은 뒤표지에 있습니다.
* 잘못된 책은 구입하신 곳에서 바꾸어 드립니다.

만든 사람들 ───────
책임편집 이은지 **표지디자인** 김종민 **본문디자인** 정현주 **교정교열** 박주현

> 글담출판에서는 참신한 발상, 따뜻한 시선을 가진 원고를 기다리고 있습니다.
> 원고는 글담출판 블로그의 이메일을 이용해 보내주세요. 여러분의 소중한 경험과 지식을 나누세요.
> **블로그** http://blog.naver.com/geuldam4u **이메일** geuldam4u@naver.com